KB269114

비전 2020

2020년 인류의
미래를 위한 새로운 제안

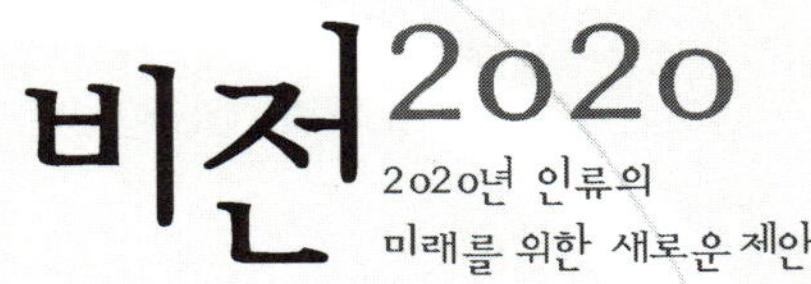

어빈 라즐로 / 변종헌 옮김

민음사

차 례

놀라운 수련 연못

수련은 빨리 자란다. 환경만 적절하다면 하룻밤 사이에 그 면적이 2배나 자라는 종류도 있다. 연못의 일부를 덮고 있는 수련은 다음 날이면 연못의 절반 이상을 차지할 수 있다. 수면의 절반 정도가 수련으로 뒤덮인 연못은 햇빛을 통과시킬 수 있기 때문에 물고기와 많은 수상 생물들이 생존할 수 있다. 하지만 연못의 반을 차지한 수련이 내일은 연못을 완전히 뒤덮을 수 있다. 그렇게 되면 햇빛이 완전히 차단되어 수면 아래의 생물들은 사라질 운명에 처하게 될 것이다. 말 그대로 하룻밤 사이에 죽을 수밖에 없는 것이다.

연못 내부의 생명체는 수천 년 동안 진화를 거듭해 왔고, 수련뿐만 아니라 물고기, 개구리, 수초나 물벌레들도 균형과 조화 속에서 공존해 왔을 것이다. 그러나 어느 날 수련의 성장이 통제를 벗어나게 된다면, 수면 아래의 생명체들이 갑자기 사라지게 되는 임계점에 도달할 것이다.

죽을 운명에 처한 물고기와 수초를 동정할 수 있지만, 그것이 우리와 무슨 상관이 있단 말인가?

이와 같은 급속한 성장은 인간 세계에서도 빈번히 일어나고 있는 친숙한 과정이다. 예금의 이자에 또다시 이자가 붙는 우리의 예금 구좌에서도 이와 같은 일이 벌어지고 있다. 행복한 일은 아니지만 암의 경우도 마찬가지이다. 암세포가 임계점에 도달하게 되면 생명은 끝이 난다. 실제로 급속한 성장은 자연과 사회 등 모든 영역에서 일어나고 있다. 예를 들어, 지구의 인구도 일정 기간 동안에 2배로 늘어나고 있으며 최근에는 그 기간이 40년이 채 걸리지 않고 있다. 그러나 지구는 한계가 있기 때문에 무한정 늘어나는 인구를 감당할 수 없다. 이산화탄소와 다른 공해 물질의 양도 2배씩 늘어났으며 인간이 개발한 도로 면적과 황폐화된 숲의 면적도 마찬가지이다. 우리는 유한한 환경 속에서 살고 있기 때문에 이러한 혹은 이와 유사한 성장이 인간의 종말을 가져오고 아마도 더 나아가 모든 생명체의 멸종을 초래하게 될 문턱 지점에 도달하는 것은 시간 문제일 뿐이다.

금세기에 우리가 촉발시킨 위험한 성장들 가운데 일부가 아무런 제약도 받지 않고 계속된다면, 어느 순간에 이르러 인간은 물론 다른 고등 생명체들 역시 사라지게 될 것이다. 이것은 전혀 놀라운 일이 아니다. 수련 연못의 경우에서 보듯이, 우리는 그 과정을 분명히 예견할 수 있다. 그런데도 계속해서 성장만 추구할 것인가?

오늘의 세계를 수면의 절반이 수련으로 채워진 〈연못〉이라고 가정해 보자. 우리의 관점에서 볼 때, 위험하긴 하지만 살 수 있는 여지는 아직도 많이 남아 있다. 수련은 죽게 될 때까지 자랄 것인가? 복합 체계는 절대로 그렇지 않다는 것을 우리는 잘 알고 있다. 우리의 세계는 하나의 놀라운 수련 연못이다. 우리는 세계가 질식해서 죽기 전에 많은 일들이 일어날 것이라는 사실을 예측할 수 있다. 일부는 성장을 계속할 것이고, 일부는 성장이 둔화될 것이고, 또다른 일부는 완전히 사라지게 될 것이다. 우리의 연못은 요동을 치게 될 것이고 혼돈이 지배하게 될 것이다. 물론 혼돈의 과정은 매우 위험하고 또 어떤 생명 형태들을 사라지게 만들 수도 있지만 어떤 것들은 혼돈 속에서도 살아남을 수 있다. 수없이 많은 놀라운 일들이 생길 수 있지만, 그것이 무엇이든 관계없이, 한 가지만은 확실하다. 그것은 우리 연못에 있는 수련들이 선형적인 방식으로, 즉 일직선으로 간단하게 그들의 영역을 확장시켜 나가지는 않을 것이라는 점이다.

우리의 귀중한 생명을 유지시켜 주고 있는 지구는 이미 반 정도 질식해 있다. 지금까지와 마찬가지로 성장을 계속한다면, 조만간 지구는 완전히 질식해 버리고 우리 모두는 죽게 될 것이다. 그러나 우리가 결정적인 시점에 가까워짐에 따라 모든 것들이 전처럼 성장하지는 않을 것이다. 결정적인 그 날의 전야는 요동이 치는 가운데 놀라움으로 가득 차게 될 것이다.

놀라운 그리고 숙명적인 밤이 점점 가까워지고 있다. 우리는 준비를 해야 하며 그리고 결코 놀라지 말아야 할 것이다. 더 나아가 우리는 놀라움에 대처하는 방법을 배워야 한다. 이 책은 혼돈으로 인한 요동의 위험을 피하면서 혼돈이 가져다주는 엄청난 기회들을 최대한 이용함으로써 혼돈의 시대에 대처하는 방법을 다루고 있다.

균형을 잃은 성장

왜 우리는 수련 연못이 질식하기 직전이라고 믿어야 하는가?
왜 우리의 미래는 과거와 같을 수 없다고 생각해야 하는가? 몇
몇 기본적인 통계 자료들을 보면 이것을 분명하게 알 수 있다.
즉, 우리가 자랑스러워하는 현대의 과업들 대부분이 지금은 더 이
상 쓸모 없는 것이 되어버렸다는 사실이다.

세계 인구는 평균적으로 매일 약 25만 명, 매년 약 9500만 명씩
늘어나고 있다. 이들 가운데 단지 700만 명만이 산업화된 국가에
서 태어나고 있다. 이러한 불균형 때문에 1983년에 이미 세계 인
구의 3/4이 제3세계 국가에 거주했던 반면, 단지 1/4만이 그 밖의
지역에서 살았다. 이러한 비율은 2000년에는 79 대 21로 그리고
2020년에는 83 대 17로 바뀔 것이다.

그러나 현재 미국과 같은 나라에서 태어난 아동은 일생 동안에
대략 5600만 갤론의 물, 1만 파운드의 육류, 2만 1000갤론의 가솔
린, 10만 파운드의 강철, 그리고 1000그루의 나무를 소비하게 될
것이다. 그리고 이것들을 소비함으로써 대략 14만 파운드의 쓰레
기를 배출하게 될 것이다.

후진국에서 태어난 아동들은 선진국의 아동들보다는 적은 양의
자원을 소비하고 따라서 쓰레기 배출량도 적을 것이다. 그러나 소
비자 중심주의, 즉흥적인 선호, 패스트 푸드, 효과가 빠른 의약품,
변덕스러운 유행 등을 특징으로 하는 〈현대적〉 생활 양식을 동경
하게 될 것이다. 이것은 결과적으로 엄청난 자원의 소비와 오염을
초래할 것이다. 멕시코 시티의 신생아 가운데 70%는 혈 중 납 함
유량이 이미 위험 수위에 도달해 있다. 더욱 많은 아동들이 태어

나고 있을 뿐만 아니라 오늘날 태어나고 있는 아동들은 지구의 생명 유지 체계에 엄청난 부담을 가중시키고 있는 것이다.

만일 현재의 추세가 지속된다면, 가장 가난한 대륙인 아프리카 인구는 1980년부터 2025년까지 45년 동안에 5억에서 15억으로 3배가 늘어날 것이다. 그러나 이미 3억 이상의 아프리카인들이 만성적인 영양 부족에 시달리고 있으며, 1억 5000만 명이 심각한 식량 부족 상태에 있고, 6000만 명이 기아선상에 놓여 있다. 그리고 얼마나 많은 수가 에이즈로 죽어가고 있는지는 아무도 모른다.

높은 성장률은 다른 대륙에 있는 후진 국가들의 경우에도 마찬가지이다. 방글라데시의 인구는 앞으로 35년 내에 1억 1000만 명에서 2억 2000만 명으로 2배가 늘어날 것으로 보인다. 그러나 어떻게 이런 일이 벌어질지는 분명치 않다. 넓기는 하지만 메마른 영토 가운데 경작 가능한 땅은 이미 집약적으로 경작되었고, 수백만의 사람들이 기아와 질병에 직면한 채로 진흙 제방 위에서 위태롭게 살아가고 있다. 만일 그대로 방치된다면 그와 같은 성장 추세는 틀림없이 갑작스러운 인구 붕괴로 끝나고 말 것이다.

후진 국가들에서는 기아 징후가 만연해 있으며 그것이 수십 년 내에 개선될 것으로도 보이지 않는다. 그리고 효과적인 예방 백신이 발견된다고 할지라도, 이미 확산된 HIV의 감염으로 인한 사망자 수가 계속 증가할 것으로 보인다. 따라서 아프리카의 인구 계획은 방글라데시나 인구가 밀집된 다른 후진 국가들과 마찬가지로 현실적인 것이 못 된다. 그것은 단지 사람들이 살아남는다면 어떠한 일이 일어날 것인가를 보여줄 따름이다. 살아남게 될 사람들은 예상보다도 훨씬 더 적을 것이다.

인구 폭발

　성장률이 감소한다고 해도 지구 인구는 조만간 수용 한계에 도
달하게 될 것이다. 지구의 수용 능력이란 지구 자체가 수용할 수
있는 한계를 말하는 것이 아니라, 현재 작동하고 있는 경제 체계
와 사회 체계들이 수용할 수 있는 한계를 의미한다고 보는 것이
타당하다. 이러한 체계들은 적정 수준에서 멀리 떨어져 있다. 세
계 경제는 매우 비효율적이다. 세계 인구의 대다수가 경제 개발에
매달리고 있기 때문에 엄청난 잠재력이 개발되지 못한 채로 방치
되고 있다. 창조력을 계발할 수 있는 많은 기술과 거대한 자원들
이 개발되지 못하고 있다. 활력에 넘치는 사람들이 적극적으로 인
류의 복지를 위해 기여하기보다는 오히려 무지하고 가난에 찌든
대중들이 자연과 사회에 무거운 짐이 되고 있다. 얼마 가지 않아
서 상황은 더욱 악화될 것으로 보인다. 가난한 나라들은 개발에
필요한 자본이 점점 더 줄어들게 될 것이다.
　제3세계 국가들이 갚아야 하는 외채가 200조 달러 이상에 달하
기 때문에 실제로 매년 630억 달러 정도가 부유한 나라의 은행과
정부 그리고 그들이 설립한 국제 금융 기구 등으로 흘러들어 가
고 있다. 채무국들이 당면한 절박한 재정 상태는 결국 더욱 많은
부채를 구걸할 수밖에 없는 악순환이 계속되면서 그들의 경제를
더욱더 압박하고 있다. 심각한 빈곤 상태에 빠진 국가들이 점점
늘어나고 있다. 국제연합의 통계에 따르면, 1964년에 24개국이었
던 최저발전 국가들이 현재는 42개국으로 늘어났다.
　가난한 국가의 인구 증가는 국토와 도시가 수용할 수 있는 한
계 범위를 위협하고 있다. 사실상, 도시 생활은 미래에 대한 커다
란 위협이 되고 있다. 1950년에는 단지 6억의 인구가 도시에 살았

으나 금세기 말에는 30억 이상이 도시에 거주하게 될 것으로 보인다. 이러한 관점에서, 남북 사이의 불균형이 급속도로 증가하고 있다. 금세기 중엽에는 선진국의 도시 거주자가 개발 도상 국가들보다도 2배가 많았던 반면에, 오늘날은 이미 개발 도상 국가들의 도시 인구가 선진국의 도시 인구에 비해 약 1.5배 정도 많다. 1950년대에는 개발 도상 국가들 가운데 400만 이상의 인구를 가진 도시가 단 하나에 불과하였지만 금세기 이후에는 60개가 될 것으로 보인다. 그리고 만일 전세계적으로 도시의 수용 능력이 도시 인구의 성장과 같은 추세로 늘어난다면 2025년에는 가난한 국가의 거대 도시들이 135개로 늘어날 것이다.

유엔 개발 계획 UNDP에 따르면, 1980년에는 도시에 거주하는 4000만 세대가 빈곤 속에서 살았지만 2000년에는 그 숫자가 7200만 세대에 달할 것으로 추정된다. 이것은 76%가 증가한 수치이다. 1992년에 미국인 가운데 약 60만 내지 300만 명이 가정이 없었는데, 그들 중 3만 5000 내지 7만 명 정도는 뉴욕에 그리고 6000명은 샌프란시스코에 거주하고 있었다. 그러나 1981년에서 1988년 사이에 미국의 가계 보조금 예산은 330억 달러에서 180억 달러로 삭감되었다.

캘커타, 멕시코 시티, 카이로 등과 같은 도시의 주거 환경은 대부분의 거주자들에게 혐오스러울 정도가 되었다. 특히, 도심의 저소득층이 거주하는 열악한 환경 속에서 가장 심한 고통을 받고 있는 것은 아동들이다. 심지어는 뉴욕 시에서도 집도 없고 부모도 없는 아이들이 한밤중에 운동장과 놀이터를 가득 메우고 있는 것을 볼 수 있다. 이러한 아동들은 마약과 폭력으로 부모를 잃고는 그럭저럭 살아갈 수밖에 없다. 미국 뉴욕 주 상원의원인 모니한

Patrick Moynihan은 2000년이 되면 뉴욕 주에서 태어난 아동들 가운데 절반 이상의 부모들이 복지 혜택을 받게 될 것으로 추정하고 있다. 저소득층이 거주하는 뉴욕 도심에 있는 학교들은 태어나기 전부터 결함에 노출되어 있는 아동들, 이른바 〈결함 아동 crack-baby〉 문제로 긴장하고 있다. 정서, 신경, 학습 면에서 문제를 지니고 있는 결함 아동들은 보수도 제대로 받지 못하고 준비도 부족한 교사들과 만나게 될 것이다.

리오데자네이루의 신문인 브라질 저널 Jornal do Brasil은 리오 환경회의 Rio Earth Summit에 참석하기 위해 오는 각국 정상들이 그곳의 환경 오염 실태를 보지 않을 수 없을 것이라고 개탄한 바 있다. 도시의 산업 폐기물이 구아나바라 만 Guanabara Bay으로 유출되는 것을 리오데자네이루의 공항에 착륙하면서 가장 먼저 볼 수 있다. 하루에 구아나바라 만에 쌓이는 오물이 산더미만 하고 매어 Mare의 판자촌과 쿤하 Cunha 해협의 다리에는 버젓이 하수구가 설치되어 있다. 조팅가 Joatinga 해협 그리고 티주카 Tijuca, 자카레파구아 Jacarepagua 개펄에는 대략 60만 명분의 오물이 흘러들고 있다.

1980년에 이미 개발 도상국 전체를 통틀어서 도시에 거주하는 1억 7700만 명이 안전하게 마실 수 있는 물이 없는 것으로 추정되었지만, 상황은 개선되지 않고 있다. 실업 또한 만연하고 있다. 일자리를 가지고 있는 사람들은 긴 노동 시간, 저임금, 각종 오염 물질 그리고 건강을 위협하고 있는 다른 요인들과 싸우고 있다. 방콕의 클롱 토이 Klong Toey에서는 3만 명 이상의 사람들이 위생 설비, 하수구, 그리고 부엌 쓰레기를 처리할 수 있는 시설도 없이 살고 있으며 강에서 식수를 구하고 있다. 방콕 거주자의 2/3 이상이 수도관도 없이 살고 있다. 그 결과 많은 우물을 파헤치고 있기 때문에 지하수면이 내려앉으면서 지반이 침식되고 있다. 나이로비에서는 상하수도 시설에 쓰는 비용이 1인당 28달러에서 1987년에는 2.50달러로 떨어졌다. 캘커타에서는 판자촌에 살고 있는 300만 명의 사람들이 마실 수 있는 물이 없으며 거주자 가운데 60%가 오염과 관련된 호흡기 질환으로 고통받고 있다.

식량과 환경

늘어나고 있는 세계 인구를 먹여 살릴 수 있는 식량 생산에 있어서도 우리는 나을 것이 없다. 매초마다 평균 1000톤의 경작에 적합한 표토와 3000평방미터의 숲을 상실하고 있다. 지구 지표면의 35-40% 정도가 황폐화의 위협에 처해 있는데, 이것은 미국, 캐나다 그리고 중국의 영토를 합친 것과 같은 크기다. 새롭게 생겨나는 토양을 감안해도 매년 유실되는 경작지의 표토 양이 520억 파운드에 달한다.

중국에서는 어림잡아 총 8660만 헥타르에 달하는 지역이 황폐화되었고(이것은 이용 가능한 모든 목초지 중에서 세번째에 해당하는 규모이다), 지금도 매년 133만 헥타르의 목초지들이 사라지고 있다. 숲을 재생시키기 위한 온갖 노력에도 불구하고 중국의 산림은 놀라운 속도로 줄어들고 있다. 나무를 심기 위해 농부들과 젊은이들을 대규모로 동원할 수도 없거니와 거대한 숲이 목초지를 뒤덮고 있는 브라질과 같은 지역에서는 산림의 황폐화가 훨씬 더 빠르게 진행되고 있다. 산림의 황폐화는 전세계적인 현상이 되고 있다. 지구상의 나무숲 1/3 이상이 이미 상실되었다. 신석기 혁명으로 인간이 자연에 간섭하기 시작했을 당시 지구의 산림 면적은 약 62억 헥타르 정도였다. 그러나 오늘날은 42억 헥타르에 지나지 않는다. 오늘날에는 나무들이 엄청나게 빠른 속도로 사라져가고 있다. 1982년 당시에 세계는 매년 1100만 헥타르의 열대림을 상실하고 있었다. 10년 후에 그 수치는 매년 1700만 헥타르로 늘어났다. 다음 세기가 시작될 무렵에는 거의 모든 열대 우림이 사라질 것이다. 이것은 이미 환경의 평형을 깨뜨리는 주된 원인 가운데 하나가 되고 있다. 나무들은 취사와 난방에 필요한 에너지를 제공할 뿐만 아니라, 우리가 매년 2000억 톤씩 대기 중으로 방출하는 〈온실 가스 greenhouse gas〉인 이산화탄소를 흡수한다. 그리고 나무들은 수많은 동물과 식물 종들을 보호하는데, 산림의 황폐화로 현재까지 1000여 개 이상의 생물 종이 멸종되었고 앞으로도 매년 1만여 종 이상이 사라질 것이다.

1989년에 중국 과학 아카데미 China's Academy of Science가 발행한 중국 과학자들의 보고서를 보면 문제의 주요 요소들이 밝혀져 있다. 〈불안스럽게 다가오고 있는 중국의 생존에 대한 위협〉이라는 제목의 보고서는, 〈급속한 인구 성장, 자원 고갈, 생태학적 체계에 대한 손상 그리고 환경 오염 등이 경제에 커다란 압력을 행사하고 있고 이것이 중국의 생존에 가장 큰 위기가 될 것이다〉라고 결론짓고 있다. 이것은 모든 현대 사회들, 실제로 하나의 전체로서의 인류에게도 똑같이 적용된다. 인구 밀도가 더욱 높아지면서 그와 동시에 지구가 지탱할 수 있는 수용 능력이 줄어들었다. 도시, 농촌, 그리고 산업 시설 등에서 나오는 오염 물질이 끼치는 영향은 잘 알려져 있다. 그러나 기름 유출과 산성비에 대한 떠들썩한 반응은 차치하더라도 그것의 심각성에 대해서는 좀처럼 충분히 이해하지 못하고 있다. 우리는 오늘날 어림잡아 7만 종의 화학 합성 물질을 생산, 보급하고 있다. 미국에서는 자동차 배기 가스를 포함해서 공기 중으로 방출되는 화학 물질의 양이 24억 파운드에 달한다. 건강 관리와 생산성 상실이라는 측면에서 볼 때, 자동차, 발전소, 그리고 산업 연료의 연소에서 발생하는 공기 오염으로 인한 손실이 매년 400억 달러에 이르고 있다. 유럽에 있는 숲 가운데 20% 이상이 오염으로 훼손되었다. 멕시코 시티 근처에 있는 텍스코코 호수 Texcoco lake는 말라버린 지 이미 오래되었고 매일 분뇨 먼지를 포함해서 170만 파운드의 티끌을 공기 중으로 날려보내고 있다. 화학 물질이 공기, 물, 그리고 토양에 미치는 영향이 커지고 있다. 어떤 것들은 이미 돌이킬 수 없는 상태가 되어버렸다.

가난한 나라들과 부유한 나라들이 양극화되고 있으며, 강대국들의 핵무기 제한 협정에도 불구하고 매일 평균 5개의 핵장치들이 세계의 병기창으로 유입되고 있다. 전세계의 국가들은 매년 무기 구입과 군사비로 대략 1조 달러를 소비하고 있으며, 극히 일부만을 건강, 교육, 그리고 사회 서비스 분야에 투자할 뿐이다.

상황은 낙관적이지 못하다. 지구가 지탱할 수 있는 수용 능력이 줄어들 수밖에 없으며 이에 따른 부담은 무엇보다도 가난한 나라들이 떠안게 될 것이다. 아마도 세계 인구의 3/4에 달하는 사람들이 느끼는 박탈감의 증대는 궁극적으로 폭동과 대결로 이어질 것이다. 오늘날 민족국가들은 상황을 극도로 악화시킬 수 있는 충분한 준비가 되어 있다.

의도하지 않은 부산물들

우리의 환경이 떠안은 부담은 의도하지 않은 것이고 대개가 예측하지 못했던 것들이다. 우리가 1만 년 전에 살았던 방식대로 산다면, 지구는 현재의 인구나 혹은 다음 세기 지구 인구의 10배를 지탱할 수 있을 것이다. 그러나 오늘날의 생활 방식은 곤혹스런 부산물들을 만들어내고 있다. 세계 기상에 끼친 영향은 가장 뚜렷한 사례 가운데 하나이다.

기상 변화

여름이 더욱 뜨거워지고 있고 겨울이 따뜻해지고 있다고 느낀다면, 이것은 잘못된 판단이 아니다. 여름이 점점 더 뜨거워지며 길어지고 있다. 영국 노리치 대학교 University of Norwich에서 행한 연구에 따르면, 1980년과 1981년 그리고 1983년은 각각 최고 기온을 기록했었다. 여전히 더운 여름과 따뜻한 겨울은 계속될 것이다. 석탄, 석유, 그리고 나무가 대기 중에서 연소될 때 발생하는 이산화탄소가 지구 둘레에 하나의 담요층을 형성하고 있고 그에 따라 지구 표면에서 대기권 밖으로 방출할 수 있는 열의 양이 줄어들고 있다. 그 결과 온실 가스가 축적됨으로써 이미 세계 표준 온도가 정확히 섭씨 0.7도를 넘어서고 있다. 그러나 이와 같은 수치는 전세계의 평균 기온을 말하는 것이다. 열대 지방 근처에서는 온도가 훨씬 더 높게 올라갔다. 만일 우리가 계획을 세워서 좀더 느린 속도로 이산화탄소를 대기 중으로 방출한다고 할지라도 지구의 평균 기온은 섭씨 4-5도까지 상승하게 될 것이다.

섭씨 몇 도 차이가 대수롭지 않게 보일 수도 있지만, 지구 평균 온도가 섭씨 2도 상승하게 되면 열대 지방에서는 그보다 5-10도가 더 높아질 것이다. 온대 지역뿐만 아니라 열대 지방에 나타나게 될 결과는 결코 무시할 수 없을 것이다. 세계 기상은 하나의 미묘한 복합적 체계이다. 극히 작은 변화가 엄청난 결과를 초래할 수 있다. 단 2.8도의 온도 하강이 선사 시대의 기후를 변화시켜 공룡의 생존에 필수적인 습지대를 없애버렸다. 지구의 평균 기온이 10도만 내려가게 되면 새로운 빙하 시대가 도래하게 될 것이다. 온난화 추세 역시 극적인 결과를 가져오게 될 것이 분명하다. 세계 평균 기온이 1.5도 상승하게 되면, 기원후 최초 1000년 간의 기후가 다시 나타나게 될 것이다. 당시에 북유럽의 바이킹들은 그들이 그린랜드Greenland라고 명명한 초목으로 둘러싸인 땅에 정착했다. 평균 기온이 2.8도가 올라가면, 북해는 맑은 물이 흐르고 야자수가 늘어선 해변으로 변해 마치 지중해와 같은 모습이 될 것이다. 추운 지역 가운데 일부는 휴양지가 될 수 있는 반면에, 전세계적으로 농업은 큰 피해를 입게 될 것이다. 5도가 상승하면 미국 중서부는 황진 지대 dust bowl로 변하게 될 것이고 콜로라도의 수위는 낮아지게 될 것이다. 그 결과, 캘리포니아에서는 수력 발전은커녕 물의 공급도 어렵게 될 것이다. 기온이 상승하면서 알래스카의 고기잡이는 좋아지겠지만, 미시간 호수는 증발해 버릴 것이고 루이지애나의 습지는 바다에 잠길 것이다. 세계의 다른 곳에서도 이와 유사한 극적인 결과가 나타나게 될 것이다. 계절풍의 영향으로 인도 아대륙은 사라지고 중앙 아시아의 사막 지역에 물이 공급될 것이며, 물이 사하라 사막으로 흘러들어가면서 열대 아프리카는 말라버릴 것이다. 시베리아의 영구 동결대가 녹게 되지만 그 토양에서는 집약적인 재배가 불가능할 것이다.

환경에 또다른 심각한 영향이 나타날 수 있다. 비록 온실 효과의 영향으로 극지방보다는 열대 지방의 온도가 더 많이 상승한다고는 하지만 지금까지의 온난화 정도로도 극지방에 있는 만년설을 녹이기에 충분하다. 녹아 내린 물들이 적도를 향해서 흘러갈 것이고 그에 따라 세계의 해수면이 상승하게 될 것이다. 만일에 전 지구의 평균 기온이 섭씨 1.5도(화씨 2.7도) 상승하게 되면, 해수면은 약 20cm 정도 상승하게 될 것이다. 섭씨 4.5도(화씨 8.1도)가 상승하게 되면, 140cm(약 4.5피트) 정도 상승하게 될 것이다. 그 결과 엄청난 재앙이 닥칠 것이다. 인류의 1/3이 넘는 20억 이상의 사람들이 해안으로부터 60km 이내에 살고 있다. 이들 인구 과밀 지역 가운데 일부는 해수면보다 높지만 그 밖의 다른 많은 지역은 해수면과 거의 비슷한 높이에 위치해 있다. 낮은 지역의 도시들과 논밭은 곧 홍수가 질 것이다. 둑과 제방이 제때에 건설되지 않는다면 뉴욕의 고층 건물들은 바다에 떠 있는 섬처럼 될 것이고, 런던, 스톡홀름, 도쿄 그리고 그 밖의 많은 주요 도시들에서는 도로가 운하로 변하게 될 것이다. 바다에서의 무게 중심이 변화되면서 결국은 지구가 기울게 되고, 그에 따라 지구의 자전 각도가 변경될 것이다. 이것은 극지방의 위치를 변화시키기에 충분하며 기상 패턴을 더욱 심각하게 파괴할 것이다. 두말할 필요도 없이, 농업뿐만 아니라 모든 방식의 사회적, 경제적 활동이 심각한 영향을 받게 될 것이다.

환경의 파괴는 또한 건강을 위협하게 될 것이다. 그중에 가장 많이 알려진 것이 자외선 방출로 인한 피부암이다. 자외선은 정상적으로는 오존층에 의해서 차단된다. 그러나 만일 대기 중에 있는 클로로플로오르카본 chlorofluorocarbons(CFCs)에 의해서 오존층이 더 얇아진다면, 더 많은 양의 자외선이 그대로 통과될 것이다. 일상적으로 사용하고 있는 에어러졸 캔이 주된 원인이 되고 있는 CFCs의 방출을 줄일 수 있고 더 나아가 금지할 수도 있지만, 우리가 파괴하고 있는 산림보다도 훨씬 더 많은 나무들을 심지 않는다면 오존층은 재생되지 않을 것이다.

CFCs의 방출이 1990년에서 1991년 사이에 16% 떨어졌고 1986년 이후로는 46%나 감소되었다. 이러한 수치들은 고무적인 것으로서 국제 공동체가 지구의 환경 문제에 경각심을 가지고 조화롭게 대처할 때에 얻을 수 있는 성과를 잘 보여주고 있다. 그러나 CFCs가 대기 상공에 도달하는 데는 15년이 걸리고, 또한 수십 년 동안 그곳에 머물러 있기 때문에 위험이 완전히 사라진 것은 아니며 더욱 악화될 수도 있다. 이러한 관점에서 본다면, 산림의 훼손을 멈추는 것이 무엇보다도 중요한 일이 아닐 수 없다.

산림의 훼손

산림 훼손을 멈추는 것은 간단한 문제가 아니다. 숲의 상실은 많은 사람들의 에너지 획득(아직도 약 20억의 인구가 난방과 취사를 위해 나무를 연료로 사용하고 있다) 그리고 계속되고 있는 환경 오염과 직접적으로 연계되어 있다. 화석 연료를 태울 때와 마찬가지로 나무를 태우면 대기 중에 이산화탄소가 축적된다. 이것은, 우리가 살펴본 것과 마찬가지로 기후에 영향을 끼치고, 강우량 분포의 변화를 초래한다. 그리고 이러한 기상 변화는 다시 나무의 성장과 생존에 영향을 미친다. 새로운 기후는 초목 지대에 영향을 주기 때문에 초목들이 피해를 보는 것은 불가피하다. 장기적으로는 하나의 수종이 멸종되면 새로운 대체 종이 이주하게 되지만,

숲의 성장 주기가 길기 때문에 단기적인 전망은 밝지 않다. 특히 나무들의 내성이 약한 열대 지방에서는 더욱 그렇다. 열대 지방에서는 계절에 따른 온도와 강우량의 변화가 거의 없다. 따라서 열대림은 물 공급의 변화에 특히 민감할 수밖에 없다. 중앙 아프리카와 브라질의 열대 우림 지역은 기후 변화에 따라서 큰 피해를 입을 수 있다. 국제 응용체계 분석 연구소 International Institute of Applied Systems Analysis(IIASA)의 〈생활권 프로젝트 Biosphere Project에 참여하고 있는 과학자들은 대기 중의 이산화탄소 양이 현재의 2배가 되면 이와 같은 결과가 나타날 것이라고 전망했다. 거대한 열대림뿐만 아니라 심지어는 북반구를 둘러싸고 있는 폭이 1900km에 달하는 북쪽 숲 지대도 또한 사라질 것이다. IIASA의 전망에 따르면, 북쪽 숲 지대의 40% 정도가 현재의 수종들을 보존할 수 없게 될 것이다. 나무의 긴 성장 주기(30년이나 50년 이상)를 고려할 때, 온난화 추세는 환경을 너무나 빨리 변화시키기 때문에 숲이 스스로를 재생하기는 어려울 것이다. 대체 종이 남쪽에서 이주하거나 현재의 종들이 북쪽으로 이주할 수 있는 시간이 충분하지 못하다. 나무를 다시 심는 것 역시 도움이 되지 못할 것이다. 처음 심을 때에는 생존할 수 있는 현재 수종의 묘목들도 성장하기 전에 죽을 것이고, 이주 묘목들은 현재의 조건에서는 심자마자 죽게 될 것이다. 이렇게 본다면, 지구를 뒤덮고 있는 거의 모든 초목지는 위험에 처하게 될 것이다.

산림 채벌을 막는 것만으로는 충분하지 못하다는 것이 분명해졌다. 뿐만 아니라 땔나무(그리고 석유, 석탄 및 천연가스)를 태울 때 발생하는 대기 오염 또한 중지해야 한다. 어떤 과정들도 쉽게 되돌릴 수는 없다. 거의 모든 자가용이나 상업용 차들과 마찬가지로 세계 경제의 대부분은 여전히 화석 연료에 의해서 움직이고 있다. 이산화탄소의 축적은 기껏해야 그 속도를 늦출 수 있을 뿐이며 그것을 정지시킬 수는 없다. 산림 채벌을 막는 것 역시 같은 어려움에 직면해 있다. 개발 도상 국가들의 경우에 산림의 약 80%가 취사와 난방을 위한 연료로 쓰이고 있다. 이와 같은 과정은 대체 에너지원이 개발되고 가난한 나라들이 그것을 이용할 수 있는 경제적 여유가 있을 때에만 멈추게 될 것이다. 나무 연료를 대체하는 것 이외에도 목초지를 얻기 위한 산림 지역의 무분별한 개간 그리고 상업적인 목재를 얻기 위한 지나친 벌목 역시 중지되어야 한다. 마지막으로 중요한 것은, 폭넓게 행해지고 있는 화전 농업이 근절되어야만 한다는 것이다. 실제로 매년 산림의 절반 정도가 손실되고 있는 것은 이와 같은 원시적인 식량 생산 방법 때문이다. 산림이 불태워짐으로써 이전에는 균형을 이루었던 생태계가 불모지로 변해버렸다.

나무를 다시 심는 것은 전례가 없던 전세계적인 노력을 요구할 것이다. 농업 기술, 산업 기술, 그리고 사적 영역의 기술 등이 지금까지는 환경을 오염시키고 자원을 낭비해 왔다면, 이제부터는 환경을 깨끗하게 유지할 수 있는 것들로 바뀌어져야 한다. 대체 에너지를 활용하고 20억 이상의 사람들이 극단적인 빈곤의 질곡에서 벗어나 적절한 경제 생활을 영위해야 한다. 결국, 인류에게 필요한 것은 인간의 가치와 동기가 근본적이고 급진적으로 변해야 한다는 것이다. 도시 외곽에 사는 사람들이 출퇴근, 쇼핑이나 레크리에이션을 위해 자가용을 계속해서 이용하는 한, 대기 중의 이산화탄소 양은 계속 늘어날 것이다. 사람들이 벌레 먹지 않은 채소만을 원한다면 농부들은 농작물에 살충제를 뿌리게 될 것이다. 그리고 일반 시민들이 소고기를 먹고 싶어하고 마호가니로 만든 가구를 원한다면 숲은 계속해서 파괴되어 갈 것이다.

식량과 농업

산림의 훼손과 그에 따른 기상 변화의 악순환은 또한 지구의 식량 생산을 감소시키고 있다. 점점 늘어나고 있는 세계 인구를 먹여 살리기 위해서는 토지의 단위당 산출량뿐만 아니라 경작할 수 있는 토지가 크게 늘어나야 한다. 필리핀의 권위 있는 국제 쌀 연구소 International Rice Research Institute에 따르면, 세계의 80억 인구가 적절하게 음식물을 먹기 위해서는 향후 50년 동안에 수확량은 2배로 늘어나고 경작지는 50% 증가해야만 한다. 연구원들은 현재의 기술 수준을 고려해 볼 때 이것이 가능하다고 낙관하고 있다. 그러나 세계 인구는 앞으로 반세기 안에 80억 이상이 될 것이다. 토지는 산림의 황폐화로 인해 크게 줄어들 것이고 기상 변화로 기후가 나빠져서 생산량은 줄어들게 될 것이다. 최근의 식량 증산에서 비롯된 낙관적인 추세는 더 이상 식량 생산 증가분을 유지할 수 없다는 사실을 간과하고 있다. 왜냐하면 최근의 생산 증가분은 장기적으로는 경작이 불가능한 토지를 이용해서 수확한 것이기 때문이다. 사하라 사막 남부의 아프리카 및 중국, 남미 등이 바로 이 같은 경우에 해당된다. 사하라 남부의 아프리카에서는 500만 마리의 소, 양, 그리고 염소 등이 초목지를 급속도로 파괴하고 있고 토양의 질을 악화시키고 있다.

성장이 빠르고 매년 2배 혹은 3배의 수확량을 가져올 수 있는 옥수수, 쌀, 밀 종자를 심음으로써 녹색 혁명은 대풍작을 가져왔다. 그러나 이것은 관개 시설 그리고 살충제나 화학 비료와 같은 첨가제에 크게 의존하고 있는데, 살충제와 화학 비료의 가격은 석유 값의 인상으로 점점 상승하고 있다. 말레이지아의 무다 Muda 강 지역에서는 녹색 혁명 덕분에 단기간에 쌀 수확량이 3배나 증가했다. 그에 따라 빈부의 격차가 커지기는 했지만, 적어도 가난한 사람들은 과거보다는 형편이 좋아지고 있다. 1974년에는 화학 비료의 사용이 점차로 수익을 떨어뜨리는 〈고원 효과 plateau effect〉를 가져오면서 수확량 증산에 실패했다. 바로 그 시점에서 모든 농부들은 더욱 가난해졌고, 특히 극빈층의 사람들은 녹색 혁명이 일어나기 이전보다 더 낮은 수준으로 떨어져버렸다.

인도에서는 물 부족 현상이 심각하다. 그리고 이와 같은 조짐은 중국의 경우에도 마찬가지이다. 땅에서 잃고 있는 것들을 바다가 대신해 줄 수는 없다. 세계 어획고는 한계에 도달했다. 바다가 재생할 수 있는 것보다 더 많은 물고기들을 남획한다면 어획고는 줄어들게 될 것이다. 이와 같은 현상이 이미 많은 지역에서 발생했다. 예를 들어, 페루 안초비 어장의 어획량이 1970년의 1300만 톤에서 현재는 200만 톤으로 줄어들었다. 세계의 어획고가 떨어지고 있는데, 이것은 부분적으로는 일부 어종에 대한 남획 때문이다.

폭발적인 인구 성장과 보조를 맞추기 위해서는 경작지를 확충하고 수확량을 증진시킬 수 있도록 세계 농업을 재구조화하는 것이 필요하다. 이를 위해서는 인구와 동물 수의 증가에 따른 압력을 줄이고, 표토를 보존하며, 기후를 보호하고, 또한 산림의 훼손을 멈추어야 한다. 그리고 오염과 쓰레기를 줄여야 하는데, 이것은 총체적인 성장을 지향하는 가치와 행동으로부터 질적이고 인간적인 성장을 지향하는 정책과 열망으로의 전환을 요청하고 있는 것이다.

　지난 몇 년 동안에 곡물을 생산할 수 있는 땅이 눈에 띌 정도로 줄어들었다. 중국은 매년 농지의 1%에 달하는 대략 100만 헥타르를 상실하고 있다. 수많은 새로운 집들이 농지에 건설되고 있다. 태국에서는 방콕 시의 〈스프롤 현상 urban sprawl〉*으로 지난 10여 년 동안에 매년 평균 3200헥타르의 농지가 잠식되어 왔다. 구소련과 에티오피아에서는 토양 침식으로 농경지가 크게 줄어들었다. 인구가 엄청나게 늘어남에 따라 많은 사람들은 수자원이 부적절한 지역에 살게 되었다. 예를 들어, 애리조나에서는 사람들이 새로 모여든 도시 지역으로 농업 용수를 끌어들이기도 했다.

에너지

　에너지 문제는 기본적인 불균형 추세로 인한 또 하나의 부산물이다. 1972-1973년의 에너지 위기는 인위적으로 야기된 것이라고 간과되어 버렸지만 에너지 문제 자체는 사라지지 않을 것이다. 장차 상업용 에너지 공급이 부족하게 될 것이다. 지금까지의 에너지 소비 증가 속도가 더 이상 유지될 수 없을 것이다. 이것은 화석 연료와 땔나무의 고갈 그리고 아직은 개발이 덜 된 대체 에너지 기술의 위험성과 비용 등에 그 원인이 있다. 현재의 추세가 계속된다면, 아직도 나무를 연료로 사용하고 있는 20억 이상의 궁핍한 사람들이 금세기가 끝나기도 전에 전세계의 땔나무 자원을 고갈시키게 될 것이다. 반면에 더욱 풍요로운 삶을 영위하고 있는 근대화된 지역의 사람들은 다음 세기 중반쯤에는 1차 석유 매장량을 다 소비하게 될 것이다. 유가가 낮아지면서, 적어도 당분간은,

---

* 도시가 불규칙하게 퍼져나가는 확산 현상 — 역자 주

대량의 원유가 무한정 비축되어 있다는 착각을 낳고 있다. 그러나 사용할 수 있는 전체 매장량이 50-60년 정도는 버틸 수 있다고 할지라도 경제적으로 개발이 가능한 1차 매장량은 10년 이내에 고갈될 것이다. 그리고 2차 매장분을 어쩔 수 없이 사용하게 될 때에는 추출 비용이 올라가게 될 것이고 그에 따라 세계 유가도 상승하게 될 것이다. 1989년 몬트리올에서 열린 세계 에너지 회의 World Energy Conference의 보고서에 따르면, 2000년에는 유가가 지정학적인 이유가 아닌 자연적인 이유로 인해서 배럴당 30달러에 달할 것으로 전망된다.

계속해서 사용할 수 있거나 풍부한 에너지원으로의 적절한 전환이 절실하다. 이를 위해서는 훨씬 더 많은 연구 개발이 필요하고, 새로운 에너지 기술들을 최대한 적절하게 활용해야 한다. 원자력 하나만으로는, 즉 최근에 사용된 핵분열 원자로 형태로는 문제를 해결할 수 없다. 에너지 수요에 대한 완만한 증가 추세를 전제로 현재 가동되고 있는 화력 발전소들을 원자력 발전소로 대치한다고 하더라도, 표준 규격 핵반응로 1기가 매 2.4일마다 적어도 38년 동안 가동되어야 한다. 여기에 필요한 어마어마한 재정적, 기술적 문제는 차치하더라도, 원자력은 중대한 위험 요소들을 수반하게 될 것이다. 표준 핵분열 원자로들은 위험하고 이미 시대에 뒤떨어진 것이 되었다. 정치적 분위기가 평화롭고 믿을 만한 전문 인력을 확보한 상황에서조차도 원자로의 안전성이 문제가 될 수 있다. 불안한 정황 속에서 테러리스트들의 행동이나 적대적인 행위들은 문제를 복잡하게 만든다. 핵 폐기물을 처리하는 것과 —— 동유럽과 제3세계 국가들은 더 이상 폐기물 처리장이 되려고 하지 않고 있다 —— 노후한 원자로를 해체하는 것 또한 심각한 문제다. 증식형 원자로(증식로)와 재생 장치들은 위험을 배가시키고 있다. 플루토늄 사이클과 액화나트륨 냉각 시스템은 훨씬 더 파괴적인 잠재력을 가지고 있다.

새로운 융합 기술에 대한 연구 개발이 중요하다. 융합은 비교적 안전하다. 그리고 우라늄이나 플루토늄과 같이 위험하고 구하기 어려운 물질이 아니라 보통 바닷물을 이용하기 때문에 에너지 문제를 해결하는 데 효과적일 것이다. 현재로서 문제가 되는 것은 개발 비용이 경쟁력과 상업성이 있는가 하는 것이다. 〈열 융합〉 기술은 채산점에서 크게 벗어나지 않고 있다. 즉, 융합 과정에서 얻을 수 있는 에너지의 양이 그것을 가동시키는 데 들어간 에너지 양보다 그리 많지 않다. 반면에 〈냉 융합〉은 아직은 이해가 부족한 실정으로, 충분한 양의 에너지를 생산할 수도 있고 그렇지 않을 수도 있다. 하지만 기술 개발이 적절하게 이루어진다고 할지라도 핵융합 과정은 하나의 기본적인 문제, 즉 열 오염 thermal pollution의 문제를 해결하지 않고서는 인류의 주된 에너지원이 될 수 없을 것이다. 열역학 법칙에 따르면, 많은 양의 자유 에너지가 하나의 개방 체계 속으로 투입되면 그 체계는 고도의 에너지 체제로 움직이게 된다. 이것은 만일 충분한 양의 에너지가 원자핵으로부터 나와서 지구 표면으로 확산되면, 대기는 뜨거워지고 결과적으로 하나의 새로운 열적 평형 상태가 된다는 것을 의미한다. 그러나 지구의 높은 열적 평형은, 그것이 온실 효과에 의한 것이든 아니면 핵에너지의 흐름에 의해 생겨난 것이든 관계없이, 심각한 그리고 일시적으로 재앙을 가져올 수 있는 기상 이변을 촉발시키게 될 것이다. 그러나 이와 같은 열 오염의 문제는 매일 지구의 대기에 도달하는 태양 광선 속에 포함된 에너지를 이용하는 기술과는 상관이 없다. 태양을 이용한 기술들은 생활권에 있는 자유 에너지의 총량을 증가시키지 않고, 다만 그중의 많은 부분을 인간이 사용할 수 있는 것으로 전환시킬 뿐이다. 그러나 안전하고 재생 가능한 에너지조차도 문제가 없는 것은 아니다. 예를 들어, 수력 발전 댐들은 댐 상류와 하류는 물론 댐 주변으로부터 수마일 떨어진 곳에서도 생물학적 사이클을 변화시킴으로써 중대한 생태학적 재앙을 가져왔다. 태양 광선을 직접 열이나 전기로 전환시키는 기술들은 즉각적인 환경 문제를 야기하지는 않고 있다. 다만, 문제는 그것이 태양으로부터 지구에 광범위하게 흩어져서 도달하는 빛에 의존할 수밖에 없다는 사실이다. 뉴욕-워싱턴, 도쿄-요코하마 지역처럼 새롭게 부상하고 있는 거대 복합 도시들은 말할 것도 없이, 거대한 산업 지역에 어떻게 태양 광선을 이용한 에너지를 공급할 수 있을까 하는 것은 결코 쉬운 문제가 아니다. 대규모의 열이나 전기를 얻기 위해서는 아리조나 주 크기만한 지역이 태양 광선을 모으기 위한 집광판으로 뒤덮여야 하거나, 아니면 지구 정지 궤도상에 있는 모든 위성들이 태양 광선을 결집시켜서 지구 표면에 있는 수신소로 보내는 데 사용되어야 할 것이다. 따라서 다양한 에너지들을 적절하게 사용하고 가장 최근에 개발된 새로운 기술들을 효과적으로 활용하는 것이 필요하다.

　지구상의 인류가 직면한 문제들을 쉽게 해결해 줄 수 있는 기술적인 방책들은 없다. 우리의 연못은 질식 지점에 점점 가까워지고 있다. 하루하루 더욱 혼돈스럽게 되어가고 있다. 인구 성장, 도시의 성장, 사막과 불모지의 확대, 오염과 환경 파괴의 증가, 이러한 모든 것들은 평온한 성장기의 종말 그리고 요동이 다가오고 있음을 분명히 알려주고 있다. 여전히 우리는 연못을 통과하고 있는 빛 속에서 수영을 하면서 수련이 없는 곳을 바라보고 있다. 그리고 가까이 다가오고 있는 수련들이 이리저리 떠다니다가는 얼마 가지 않아서 우리의 시야에서 재빨리 사라질 것이라는 희망을 가지고 거기에 우리의 시선을 집중하고 있다. 그러나 수련이 모든 방향에서 다가오고 있다. 그리고 그것들 스스로 물러날 것이라는 기대도 아직은 할 수 없다. 아마도 우리는 연못을 통해 우리의 요구와 바람을 충족시킬 수 있는 새로운 방법을 생각하기 전에 우리의 요구가 합리적이고 실제로 충족될 수 있는 것인가를 먼저 따져보아야만 할 것이다.

우리는 혼돈의 시기를 향해 나아가고 있다. 그러나 혼돈이 반드시 재앙의 서곡은 아니다. 그것은 또한 창조성을 고취시키고 새로움을 낳는 비옥한 자궁이 될 수 있는 것이다.

제 1 장
현대적 신념의 조락과
새로운 시대의 여명

　우리의 시대는 두려움과 불확실성의 시대이다. 현재의 젊은 세
대들은 미래에 대해 생각하지 않고 있다. 우리가 시도하는 모든
것들이 예기치 않은 부작용을 초래하거나 아니면 매우 위험한 결
과를 가져오는 그런 시대에 살고 있다. 세계는 더욱 혼돈 속으로
빠져들고 있으며 놀라움으로 가득 차 있다. 이와 같은 모든 현상
은 일시적인 단계에 불과한 것이 아니다. 그것은 고통스럽지만 통
과할 수밖에 없는 하나의 흐름이다. 그런 다음에야 모든 것이 정
상으로 돌아오고 확실해진다. 이것은 현대가 종말을 고하고 역사
속으로 사라져버리는 것을 의미하는 것인지도 모른다.

　현대는 산업 문명, 민족국가, 자동차, 텔레비전과 텔레커뮤니케
이션의 시대이다. 그리고 중세에는 40여 년에 불과하던 인간의 평
균 수명을 70세 이상으로 연장시켰다. 이렇듯 현대가 가져온 축복
에 대해서는 논쟁의 여지가 없다. 그러나 그 축복이 미친 영향에
대해서는 논란의 여지가 많다. 현대가 창출한 기술들은 자연의 섬

세한 균형에 예기치 않았던 악영향을 끼쳤으며 사람들을 소외시키고 양극화시키고 위협하고 있다. 급속한 산업혁명의 와중에서 현대는 너무 지나친 나머지 균형을 잃어버린 것처럼 보인다. 현대가 낳은 혁명들은 기술과 산업 부문에서 사회 및 정치 영역으로 옮겨왔다. 지금 일어나고 있고 그리고 앞으로 전개될 혁명들은 엄청난 변화를 가져올 것이며 그것은 결국 현시대의 종말을 의미하게 될 것이다.

문화와 문명은 놀라운 수런 연못이다. 그것들은 위험에 직면해서 결코 수동적이거나 소극적이지 않다. 인류의 위대한 사회 문화적 체계들은 가만히 앉아 있다가 붕괴되지 않는다. 싸우고 투쟁하고 혁신에 혁신을 거듭한다. 어떤 것들은 사라져가는 시대와 함께 소멸되지만, 또 어떤 것들은 새롭게 동트는 신선한 공간으로 돌파해 들어갈 수 있다. 사회 진화는 성장과 계기, 융통성과 창조성을 내포하고 있다. 과거에도 이것을 알고는 있었지만, 시의적절한 통찰력만 있다면 우리는 미래에 더욱 많은 것들을 알게 될 것이다.

하나의 시대가 끝나고 있다는 사실은 새로운 현상이 아니다. 지난 1만 년 동안에 있었던 수많은 시대들은 당시의 지배적인 생활 양식에 대한 하나의 돌파구였다. 모든 생활 양식들은 마치 인간 실존에 대한 영원한 청사진인 것처럼 꽃을 피우곤 했다. 그러나 상황이 바뀌고 가치나 제도들이 크게 변화됨에 따라, 그것을 슬퍼할 겨를도 없이 그리고 심지어는 인간들이 알지도 못하는 사이에 역사 속으로 사라져버렸다. 이와 같은 상황이 지금도 벌어지고 있는 것이다. 현대가 인간에게 혜택을 가져다주었다는 것은 틀림없는 사실이지만 그것은 인류의 대다수에게는 미치지 못하는 것이었다. 하지만 그것이 수반한 그림자는 모든 사람들에게 영향을 주고 있다. 저개발 지역에 살고 있는 전체 인류의 3/4에 해당하는 사람들에게 있어서 급속한 근대화를 통한 물질적 풍요로움이라는 꿈은 실패로 끝나고 말았다. 이것은 또한 그들의 삶과 운명을 개선하기 위해 봉기한 사회주의 국가의 경우도 마찬가지였다. 그리고 현대의 꿈을 향유하고 있는 미국, 유럽, 일본 및 아시아의 신흥 산업 국가들은 공해, 인구 과잉, 치솟는 도시 주거 비용, 변덕스런 무역 규제 조치, 불안정한 금융 시장 등과 같은 예기치 못한 부작용으로 고통받고 있다.

우리는 우리 시대의 혼돈을 예측해야만 한다. 우리는 고정관념을 가지고 새로운 문제들과 맞서고 있으며 그것들이 효과가 없다는 사실에 놀라고 있다. 그러나 아인슈타인 **Albert Einstein**의 지적대로, 하나의 사고 방식에서 야기된 문제들은 그와 동일한 사고 방식으로는 해결할 수 없다. 어느 시점에서 합리적이고 생산적인 사고와 신념들은 다른 시점에서는 비합리적이고 비생산적인 것이 된다. 예를 들어, 다음과 같은 신념들을 생각해 보자.

◈ **정글의 법칙** 삶은 생존을 위한 투쟁이다. 공격하지 않으면 죽는다.

◈ **높은 파도는 모든 배를 들어올린다** 국가가 번성하면 모든 국민들이 잘 살게 되고, 심지어는 다른 국가들도 잘 살게 될 것이다.

◈ **떡고물 이론** 재물은 부자로부터 가난한 사람들에게로 떨어지게 되어 있다. 떡이 크면 클수록 떨어지는 고물도 많아진다.

◈ **남성이 여성보다 우월하다** 이것은 근원적인 사회·경제

적 영향력을 지닌 매우 광범위한 신념이다.

◉ **보이지 않는 손** 애덤 스미드 Adam Smith에 의해 정식화된 것으로, 개인적·사회적 이해 관계는 자동적으로 조화를 이룬다는 믿음. 내가 잘 산다면 그것은 내가 속한 공동체에도 도움이 된다는 것이다.

◉ **자율적 경제** 시장에서의 완전 경쟁을 보장한다면 누가 개입하지 않아도 체계 자체에 의해서 이윤이 공정하게 할당될 것이다.

◉ **인간은 자연을 지배할 권리가 있다** 인간은 자연을 지배하고 통제하며 인간의 목적을 위해 이용할 수 있는 권리가 있으며 자연 위에 군림할 수 있는 우월한 존재이다.

◉ **효율성의 숭배** 생산되는 것이 무엇인가 그리고 그것이 필요한가 그렇지 않은가에 관계없이 우리는 모든 사람, 모든 기계 그리고 모든 조직으로부터 최대한의 것을 얻어내야 한다.

◉ **모든 사람들은 그 자신을 위해 산다** 인간은 고립되고 분리된 실체들이며 그들 자신의 방식에 따라 그들의 세계에서 투쟁하고 있다.

◉ **기술적 명령** 할 수 있는 것들은 반드시 해야만 한다. 만들거나 할 수 있는 것들은 팔 수 있고, 그것을 팔 수만 있다면 그것은 당신과 경제를 위해 좋은 것이다. 만일 누구도 그것을 사려고 하지 않는다면, 그것에 대한 수요를 창출해 내야만 한다.

◉ **새것일수록 더욱 좋다** 새것은 오래된 것보다 좋다. 새로운 상품을 생산할 수 없다면, 오래된 것을 〈새롭고 개선된 것〉이라고 선전해라. 그러면 발전(그리고 이윤)은 당신의 것이 될 것이다.

❋ **미래는 우리가 알 바가 아니다** 우리가 자식을 사랑하지만 다음 세대의 운명에 대해서 왜 걱정을 해야 하는가? 결과적으로, 다음 세대가 우리를 위해 한 일이 무엇인가?

❋ **경제적 합리성** 인간을 포함한 모든 것의 가치는 돈으로 계산될 수 있다. 모든 사람은 부자가 되기를 원하며 나머지는 쓸모 없는 잡담이거나 단지 핑계에 불과하다.

❋ **옳든 그르든 나의 조국** 우리는 위대한 조국의 아들딸이다. 다른 사람들은 우리의 재산과 힘 그리고 기술을 빼앗으려는 외국인들이다. 우리는 우리의 국익을 보호하기 위해 강해야 하며 어떤 가상적인 적들보다도 강한 것이 좋다.

현대인 Homo modernus은 호기심이 많은 동물이다. 그들은 정글 속에서 살며 물질적 이익을 추구하기 때문에 인류에게 도움을 준다. 잘못을 바로잡을 수 있는 보이지 않는 힘을 신뢰하며, 효율성을 숭배하고, 무엇이든 — 특히 새로운 것 — 만들고, 팔고 소비할 준비가 되어 있다. 아이들을 사랑하지만 다음 세대의 운명에 대해서는 무관심하며, 즉각적으로 보상이 주어지지 않거나 돈으로 계산할 수 없는 것들을 간단히 무시한다. 그의 조국 역시 국제 사회의 정글 속에서 생존을 위해 싸워야 하기 때문에 조국을 위해 기꺼이 나가 싸울 준비가 되어 있다.

그러나 오늘날 현대인들의 신념은 더 이상 성공할 수 없다.

❋ 정글의 법칙에 대한 신념은 협력의 이점을 활용할 수 없는 필사적인 경쟁을 고무시키고 있다. 협력은 성장의 기회가 줄어드는 매우 어려운 시기에 특히 결정적인 역할을 할 수 있다. 일본의 예에서 보듯이, 산업 분야에서의 협력과 팀워크의 중요성에 대한

인식이 점차 커지고 있다. 사회과학과 자연과학 분야의 연구 결과는 협력과 공생이 진화론적 전략에 있어서 얼마나 중요한가를 설득력 있게 보여주고 있다. 그리고 평화와 동반자 관계를 중시하는 운동들은 가정과 학교, 공동체 그리고 작업장에서 갈등 해결의 필요성을 강조하고 있다.

※ 높아지는 파도, 떡고물 효과, 그리고 보이지 않는 손의 도그마들은 그것이 다른 사람들에게도 이익이 되기 마련이라는 —— 그러나 안타깝게도 더 이상 타당성이 없는 —— 신념에 위안을 얻어서 이기적인 행위를 조장하고 있다. 예를 들어, 미국에서는 1959년에 상류층 4%가 하층민 35%가 버는 만큼의 돈을 벌어들였다. 그리고 1989년에는 상류층 4%의 사람들이 미국 인구의 절반 이상에 해당하는 하층민 51%가 번 만큼의 돈을 벌었다. 파도가 높아지면서 모든 사람들이 똑같이 높아지기는커녕 많은 사람들이 그 물에 빠져 죽어버리고 말았다.

※ 지난 3500여 년 동안 남성의 지배는 현대뿐만 아니라 실제로 역사가 기록된 모든 시대 동안에 하나의 결정적인 측면이 되어왔다. 그러나 사회에서의 여성의 역할에 대한 〈재발견〉과 확신은 출산 휴가, 낙태, 건강 관리 등과 같은 쟁점들이나 공공정책에서부터 심리학, 사회학 그리고 역사학 등에 이르기까지 세계의 모든 측면에 변화를 가져오고 있다.

※ 완전히 자율적인 자유 시장 체계에 대한 믿음은 자유방임주의 상황에서 권력을 가지고 통제력을 행사하는 사람들이 그들에게 유리한 방향으로 시장 기능을 왜곡하고 있고, 약하고 약삭빠르지 못한 사람들을 파산으로 몰아가고 있다는 사실을 간과하고 있다. 미국에서는 자유 시장을 보장하기 위한 규제완화 조치로 100개의

화물 회사가 도산하면서 15만 명의 노동자들이 일자리를 잃었고 12개 항공사가 파산하여 4만 명의 실업자를 양산했다. 금융계에서는 650개의 회사가 도산했고 납세자들의 채무가 5000억 달러에 달했다.

  ◈ 인간은 자연을 이용과 지배의 대상으로만 인식해 왔다. 그 결과 인간 자신은 마치 생활권의 일부가 아닌 것처럼 생각하고 자연을 착취하는 무감각하고 무사려한 정신을 가지게 되었다. 그러나 인간은 생활권의 일부이다. 유기적인 생명체들은 서로 얽히고 설킨 관계에서 벗어날 수 없으며 우리가 변화시키는 것에 의해서 근원적으로 영향을 받을 수밖에 없다. 공해, 산림 훼손, 토양 오염 등의 문제는 우리가 상상조차 할 수 없었던 방식으로 우리에게 영향을 주고 있다.

  ◈ 누가 무엇을 생산하고 누가 수혜를 받을 것인지를 고려하지 않는 효율성은 실업을 증대시키며, 가난한 사람들의 요구에 관계없이 부자들의 요구를 충족시켜 주고, 사회를 근대적인 —— 효율적인 —— 부문과 전통적인 —— 비효율적인 —— 부문으로 양극화시키는 결과를 가져온다. 회사에서 〈총체적인 질〉을 제고시키기 위한 노력은 종종 효율성과 질이 서로 갈등을 일으키는 상황으로 나타난다. 어떤 지점을 넘어서게 되면, 효율성은 비용 절감과 질의 저하를 의미하게 되는데 이것은 소비자의 불만으로 이어진다.

  ◈ 각자는 그 자신만을 위한다는 신념은 인간은 모두 이기적인 욕망을 지닌 고립된 원자들이라는 파산자의 견해를 반영하고 있다. 이것은 이미 시대에 뒤떨어진 것이 되어버린 개인주의적인 혹은 환원론적인 세계관의 유산이다.

  ◈ 기술적 명령은 경제 성장이 둔화되고, 시장이 포화 상태가

되고, 환경이 공해를 흡수할 수 있는 수용 능력의 한계에 가까워지고, 에너지와 물질 자원이 희소해지거나 비싸지게 될 때에는 위험한 것이 된다. 이와 같은 명령에 따르게 되면, 사람들이 단지 필요하다고 생각하는 재화들을 과도하게 생산하게 된다. 그리고 그것들 가운데 일부를 사람들은 위험을 무릅쓰고 사용하고 있다. 새로운 것이 항상 더욱 좋을 것이라는 신념은 옳지 않다. 때로는 새로운 것이 더 비싸고, 더 소비적이고, 건강에 보다 해롭고, 공해를 더욱 유발하고, 더욱 스트레스를 주기 때문에 나쁜 경우가 있다. 과거에는 불화탄소 fluorocarbons, 항히스타민 antihistamines, 사이클러메이트 cyclamates* 또는 무색설탕 등을 함유한 제품들이 〈개선된〉 것이었다면, 요즘에는 이러한 성분들을 함유하지 않은 제품들이 또한 〈개선된〉 것이 된다. 대중들의 환상을 쫓는 과정에서 건강과 사회적 공익은 그것이 시장 확대에 도움이 될 때에는 이용되고 그렇지 않을 때에는 무시되는 저당물이 되어버린다.

❀ 미래에 대한 아무런 계획 없이 살아가는 것이 미래가 스스로를 대비하고 돌볼 수 있었던 급속한 성장의 시기에는 좋았을지 모른다. 그러나 미래의 세대에 근본적이고 광범위한 영향을 미치게 될 미묘한 선택을 내려야만 하는 시점에서는 그와 같은 태도가 책임 있는 선택이 될 수 없다. 나중에야 홍수가 지든 말든 알 바가 아니라고 말한다면, 우리는 실제로 홍수(예컨대, 지나친 개발, 인구 과잉, 불평등, 갈등의 범람)를 일으키게 될 것이다. 단기적인 결과에만 초점을 맞추는 경향(예컨대, 기업에서 다음 1/4분기에만 초점을 맞추는 것 등)이 그럴듯해 보일 수도 있다. 그러나 틀림없

---

* 인공 감미료의 일종 — 역자 주

이 이것은 확고한 뿌리도 내리지 못하고 거품만 가득한 기업들을 양산해 낼 것이다.

❋ 모든 사물과 사람들을 경제적인 가치로 환원시키는 것은 엄청난 경제 성장이 모든 사람들을 우쭐하게 하고 다른 것들을 경시하는 시대에는 합리적인 것처럼 보였다. 그러나 이것은 깊이 뿌리 내린 사회적·정신적 가치들을 새롭게 발견하고 자유스럽고 간소한 생활 양식을 계발하기 시작한 시대에는 무모한 짓이다. 보수가 많은 직위보다는 가족과 함께 오붓한 시간을 보낼 수 있는 더욱 보람있고 윤리적인 일을 찾는 것이 보다 의미 있는 일이다.

❋ 마지막으로, 옳든 그르든 나의 조국이라는 단순한 국수주의적 주장은 국내적으로나 국제적으로 엄청난 재앙을 초래할 수 있다. 이것은 국익에 따라서 언제든 바뀔 수 있는 명분을 위해 싸우며, 소집단의 정치 지도자들이 지닌 가치관과 세계관을 신봉하고, 지구촌 구석구석에서 서서히 전개되고 있는 문화적, 사회적, 경제적 유대를 무시하도록 요구하고 있다. 탈집중화와 인종적 자부심이 점증하고 있는 시대에 국수주의와 옹졸함은, 과거 유고슬라비아의 경험에서 분명하게 드러났듯이, 엄청난 고통의 전조들이다.

현대가 역사 속으로 사라지고 있지만 현대의 가치와 신념들은 아직도 우리의 경제적, 사회적, 정치적 관행 대부분의 기반이 되고 있다. 1980년대의 인간들은 아주 잘하지는 못했지만 살아서 무엇인가를 할 수 있었다. 그러나 위기의 1990년대에도 그들이 살아남을 수 있을지는 의문이다.

표 1 현대를 넘어서는 전환기에 변하고 있는 신념들

	현대의 지배적 관점	현대 이후에 요청되는 관점
외부 세계	원자론적이고 단편적. 대상들이 독립적이고 자유로움. 사람들은 개별화되고 분리되어 있음	대상들과 사람들이 하나의 공동체 속에 서로 얽혀져 있음. 전체적이고 내적으로 연계됨
물리적 과정들	물질적 ; 결정론적, 기계론적	유기적 ; 상호작용적 ; 전체론적
유기적 기능	구별되고 분리할 수 있음 ; 부분들은 교환 가능함	서로 얽혀져 있음 ; 상호의존적임, 내적인 교환이나 상호교환이 불가능
사회적 에토스	기술 지향적 ; 간섭주의적 ; 재화에 기초	커뮤니케이션 지향적 ; 용역에 기초
사회적 진보	소비 의존적 자원 전환	적응 지향적 ; 자원의 균형
경제학	경쟁과 이윤 추구 ; 착취적	협동적이고 정보에 기초
인류	자연 지배, 인간 중심적	자연과 통합, 가이아 중심적 Gaiacentric
문화	유럽 중심 ; 제국주의적	다원적
정치	위계적 hierarchical ; 권력에 기초	총체제적 holarchic ; 조화에 기초

제 2 장
책임감 있는 도전

1944년 3월 중순 어느 날, 헝가리의 어린이 잡지인 ≪거위소년 마티 Ludas Matyi≫가 이틀 일찍 나온 적이 있었다. 당시 11살로 이 잡지의 팬이었던 나는 부다페스트의 신문 가판대에서 이것을 발견하고는 몹시 기뻐서 당장 한 부를 샀다. 보통 때처럼 잡지에 실린 이야기와 유머를 열심히 읽다가 잡지 내용과는 아무런 상관도 없는 굵은 활자로 된 헤드라인을 보고는 이상한 생각이 들었다. 그래서 부모님께 이것을 보여드리고 무슨 뜻인가를 여쭈어보았던 기억이 난다. 부모님은 걱정스런 표정을 지었을 뿐 아무런 대답도 하지 않았다. 도시 곳곳의 가판대에서 분명하게 볼 수 있었던 바로 그 헤드라인 제목은 〈꽉 붙잡아라, 마티 ── 커브 길이다!〉였다.

그날 밤 히틀러의 군대가 오스트리아 국경을 넘어 헝가리에 들어왔고 자정에는 수도까지 밀어 닥쳤다. 새벽 2시에는 나치 비밀 경찰인 게슈타포의 조그만 크림색 차들이 유태인이거나 아니면 반(反)나치 성향으로 알려진 유력한 헝가리 인사들 집 앞으로 몰려들었다. 그러나 잠시 후, 수많은 게슈타포들은 헛수고를 하고는 되돌아갔다. 믿을 만한 밀고자들의 첩보에도 불구하고 그들이 찾던 사람들 대다수가 이미 밤 사이에 도시를 빠져나갔던 것이다. 잡지의 헤드라인 제목을 본 사람들은 독일군이 올 것이라는 사실을 알고 있었고 미리 그에 대한 준비를 하고 있었던 것이다.

커브 길에서 넘어지지 않는 방법에는 여러 가지가 있다. 즉, 어려운 상황에서 벗어나는 방법은 여러 가지다. 만약 그가 게슈타포 리스트에 올라 있다면 가장 좋은 방법은 도망가는 것이다. 만약에 자동차 경주를 하고 있다면, 커브 길로 접어들기 전에 브레이크를 밟아 속도를 줄인 후에 다시 가속을 해서 빠져나가는 것이 바람직하다. 그리고 만일 우리가 거대한 사회적 변혁에 직면해 있다면, 현재의 상황을 파악하고 용기를 내어 실제 변화에 준비하는 길밖에는 없다.

나치 시대는 바이마르 공화국의 극도의 불안정 속에서 대두되었고 그 결과 〈우수한 아리안족〉에 의한 통치가 시작되었다. 만일 연합군의 시의적절한 대응과 나치의 침략에 굴하지 않고 끝까지 저항했던 사람들의 용기 있는 행동이 아니었다면, 아마도 천년왕국이 건설되었을 것이다. 이것이 천년까지 가지는 못했어도 그로 인해 최소한 수십 년 동안 심지어는 오늘날까지도, 우리는 폭정에 시달렸을지 모른다.

1940년대 전반기는 중대한 시기였다. 그것은 휴머니즘과 문명의 가치를 인정한 사람들에게 하나의 심각한 도전이었다. 다행스럽게도 우리는 이러한 도전을 아슬아슬하게나마 인식하게 되었고 결단과 적절한 조치를 통해 이를 극복할 수 있었다. 적이 누구인

가도 분명했고 또한 그것과 싸울 방법 역시 분명했었다. 1990년대 또한 모든 인류와 모든 사회에 있어서 매우 중대한 시기임에 틀림없다. 그러나 이번에는 적의 정체도 분명하지 않으며 어떻게 싸워야 할지도 전혀 모르고 있다. 이와 같은 문제에 대해 생각해 보는 것은 충분한 의미가 있다.

지금 우리는 커브 길에 가까워지고 있는가? 우리는 전지구적인 변혁에 가까이 다가서고 있는가? 누가 혹은 무엇이 우리 연못의 지나친 성장을 촉진시키고 있는가? 적은 어디에 있는가?

비난의 문제

제일 먼저 떠오르는 용의자는 기술이다. 현대의 기술은 우리의 삶은 물론 사회에 있어서 강력한 영향력을 행사해 왔다. 전통적으로 기술은 작업장이나 공장에서 생산된 하드웨어였다. 그러나 오늘날 기술은 물질적 요소들은 물론, 사람, 조직, 역할 구조, 기법 및 지식 등으로 구성된 복합적 체계로서 인식되고 있다. 기술 체계의 계단에 서 있는 우리 앞에 놓여진 불안정에 대해서만 비난한다면, 이것은 문제를 지나치게 단순화시키는 것이다. 예기치 않았던 부작용에도 불구하고 기술 체계는 의사 결정자들과 소비자들이 원하던 것들을 이루어왔다. 사람들은 빠른 운송 수단과 개인적 이동의 자유를 원했고, 그 결과 기술은 자동차를 탄생시켰다. 인간은 자동차와 수많은 기계 장치들을 작동시키기 위해 더 많은 동력을 요구했고, 기술은 발전소를 만들어냈다. 여기에는 엄청난 양의 석유와 석탄이 소비되었다. 인간은 더 오래 살고 싶어했고 유아 사망의 위험을 줄이기 원했으며, 그에 따라 의료 기술 역시 발달했다. 자동차들은 도시 공해와 교통 혼잡을 야기했고 대도시의 공기를 오염시켰다. 석유 및 석탄을 연료로 하는 발전소들은 대기를 오염시켰으며 원자로는 모든 도시들의 생존을 위협했다. 전세계적인 사망률 감소는 인구 폭발을 가져왔다. 이와 같은 결과들은 인간이 바라던 것도 아니고 예견된 것도 아니었다. 마크 트웨인 Mark Twain이 말한 것처럼, 새 망치를 가진 소년에게는 모든 것이 못으로 보인다. 번쩍거리는 새 망치를 갖고 싶어하는 유아적인 열망에 사로잡힌 인간은 아무데나 망치질을 했고, 그 과정에서 많은 것을 이룬 동시에 또한 많은 것들을 파괴하지 않을 수 없었다. 모든 문제의 책임이 쇠망치에게 있는 것은 아니다. 망치질할 못이 무엇인가를 선택하고 결정한 것은 인간들이다.

여론을 형성하는 사람들과 의사 결정자들은 망치를 손에 쥔 어린 소년의 단계에서 크게 벗어나지 못했다. 그들은 여전히 기술에 기초한 인류의 진보에 대해서 확고한 믿음을 가지고 있다. 정부와 경제계의 지도자들은 모두가 기술을 정부와 기업을 성장시키는 열쇠로 보고 있다. 그들은 1990년대 초에 연구 개발비에만 매년 3500억 달러를 투자해 왔다. 그들의 주요 관심사는 전자, 로보틱스 robotics, 정보과학, 원자핵 기술, 항공, 첨단 소재 및 유전학, 생화학 기술 등이었다. 무기와 무기 관련 기술 등은 매우 중요한 투자 항목이었다. 1년 동안에 1000억 달러 정도를 이 분야에 투자해 왔다.

더 좋아진 망치를 가지고 아무 곳이나 두드린 결과가 바로 지금 현재의 기술이다. 생필품은 말할 것도 없고, 사치품과 생활에 편리한 여러 가지 것들 그리고 우리를 우울하게 만드는 각종 쓰레기와 공해의 원천이 바로 현대의 기술이다. 많은 동력을 필요로

하는 연구 개발에 기초한 새로운 기술 문명들은 사회 및 경제 체제의 안정을 흔들어 놓았고, 환경을 더 이상 유지될 수 없는 상태로 만들었다. 그러나 이와 같은 연구 개발은, 몇몇 예외가 있기는 하지만, 그 지적 기반을 과학에서 도출하고 있다. 그렇다면 과학이 우리가 직면한 문제들에 대해 궁극적인 책임이 있는 것인가?

전통적인 관점에서 과학은 순수하고 단순한 지식의 탐구이다. 이것은 그 결과에 관한 한 중립적인 것이다. 이런 관점에 대해 최근에 중대한 의문이 제기되고 있는데, 이것은 특히 원자 폭탄의 제조와 유전자 공학의 도래 때문이다. 이러한 쟁점이 얼마나 복잡한 것인가를 그리고 그와 같은 물리학자들과 유전학자들 그리고 기초 연구에서부터 응용 분야에 이르는 모든 과학적 활동에 대하여 윤리적 물음을 제기하는 이론 및 실험 과학자들의 태도가 얼마나 적절한 것인지 살펴보기 위해서는 오펜하이머 Oppenheimer 의 케이스를 상기하는 것만으로도 충분하다.

과학이 기술 문명을 낳고 기술 문명이 우리를 매우 취약한 상태로 떨어뜨렸기 때문에, 과학은 우리를 전지구적인 두갈래치기 bifurcation로 밀어붙인 혐의자로 보인다. 그러나 이것은 과학이 의도한 결과는 아니다. 과학자들은 세계를 파괴하려는 사악한 천재들이 아니다. 과학자들은 사회에서의 그들의 역할이 중립적이라고 주장함으로써 무책임하게 행동했을지도 모르지만, 그렇다고 해서 그들 혼자서 그렇게 행동했던 것은 아니다. 사회는 과학자들이 생산한 지식을 취하여 자신의 목적에 맞게 이것을 적용하였다. 교육 체계는 과학적 지식을 확산시켰고, 현대 사회를 지배하는 합리성이라는 관점에서 과학적 지식을 해석해 왔다. 정부와 기업은 그들의 필요와 요구에 따라 과학적 지식을 정교하게 다듬어왔다.

단지 과학자들과 교육자, 정부와 기업들뿐만 아니라 사회의 모든 구성원들, 즉 과학적 지식과 기술적 노하우를 십분 활용하고자 한 소비 지향의 일반 시민들 또한 이러한 행위에 가담해 왔다.

책임의 문제

그러나 중요한 것은 이미 벌어진 일에 대해 누구의 잘잘못을 따지는 것이 아니라 사태를 올바르게 수습하기 위해 책임을 지는 일이다. 많은 행위자들과 각각의 분야들이 우리 시대를 형성해 왔으며 또한 많은 것들이 다음 시대를 만들어갈 것이다. 과학 기술, 교육, 그리고 심지어는 예술과 종교 등이 우리의 가치와 신념을 형성해 왔으며, 금세기의 마지막 시기에 이들의 영향력은 과거 어느때보다 더욱 중요해질 것이다.

근대가 시작된 이래, 과학은 사람들의 사고 방식과 행동 양식을 결정하는 핵심적 요인이 되어왔다. 우리 모두가 과학자는 아니지만——쿼크 quark가 무엇인지조차도 모르는 사람들이 대부분이지만——우리가 교육받아 온 방식, 세상을 보는 관점, 사물을 파악하는 방식 등은 모두 현대 과학의 합리성에 의해 민감하게 영향을 받아왔다. 현대인들이 좌뇌에 의해서 지배를 받고 인과적 관점에서 선형적으로 사고한다는 사실은 그 대부분이 우리 시대의 의식 깊은 곳에 자리잡은 합리성의 영향 때문이다. 그러나 합리성은 이미 최첨단의 현대 과학에서는 쇠퇴한 구시대의 산물이다. 합리성의 결과들은 다양하다. 그것들은 겉으로 드러난 것 이상을 보려고 하지 않는 실용주의의 형태를 포함하고 있다. 보여지고 만져지는 것, 구입되고 소비되며 결국에는 폐기되는 것 이상의 것을 거부한다. 이와 같은 실용주의는 사람들로 하여금 장기적인 결과들에 대해 의식하지 못하도록 하고 그것들에 대해 무책임하게 만든다. 실용주의는 지엽적인 효율성은 있지만 전지구적인 문제를 발생시킨다. 즉, 단기적으로는 이익이 되지만 장기적으로는 위기를 낳고 있는 것이다.

과학은 현대의 진화를 성취한 하나의 강력한 동인이지만 지금의 시대를 이와 같은 상태로 만든 유일한 것은 아니다. 언뜻 보면 이상하게 보일 수도 있지만, 예술 또한 하나의 강력한 동인이 되어왔으며 지금도 그러하다. 우리가 모두 과학자가 아닌 것처럼 우리 모두가 예술가는 아니지만, 예술은 사람들이 어떻게 인식을 하고, 무엇을 느끼며, 타인과 어떻게 관계를 맺는가 하는 문제에 대해서 미묘한 영향을 주고 있다. 결국, 예술은 박물관, 미술관, 콘서트 홀에만 한정되어 있는 것이 아니다. 그것은 사람들이 살고 일하는 건물의 형태로, 사람들이 사용하는 생산물의 형태로, 사람들이 흥얼거리는 곡조, 사람들이 읽는 소설, 사람들이 TV나 영화관에서 보는 희비극 등으로 우리의 주변에 온통 널려 있다. 우리의 미적 감각 그리고 일상의 바램과 이상들은 〈순수〉 예술과 〈응용〉 예술에 뚜렷하게 나타난 인식들에 의해 끊임없이 형성되고 있다. 인간이 과학적 합리성의 관념에 의해 만들어진 감정 없는 로봇이나 영혼이 없는 컴퓨터가 되지 않은 것은 우리의 일상 생활 속에 예술이 계속 존재해 왔기 때문이다.

종교는 시대 정신을 형성하는 제3의 중요한 동인이다. 종교를 우리의 과학적 정신이 궁극적으로 극복해야 하는 미신 체계나 우리 시대의 유일한 등대로서 생각하는 것은 옳지 않다. 종교는 대체될 수 있는 것도 아니며 우리 시대의 지배적인 요소도 아니다.

오히려 종교는 과학 및 예술과 공존하는 중요하고 통합적인 요소
이다. 궁극적인 의미와 중요성에 대한 우리의 느낌, 무엇이 정말
중요하고 가치 있는가에 대한 우리의 인식, 현대 이전의 사회에서
강력한 힘을 발휘했고 오늘날조차도 우리가 완전히 상실하지 않
은 성스러움의 관념 등과 같은 모든 것들은 전세계의 위대한 종
교적 신념 체계에 의해서 형성된 것들이다. 우리는 어떠한 교리도
신봉하지 않으며 교회, 유대 교회당, 사찰 등을 찾을 수도 있지만,
기독교, 유대교, 회교, 힌두교, 도교, 유교적인 가치와 세계관 또는
그 밖의 종교적이고, 초자연적인, 신화적인 가치와 세계관을 다
함께 공유할 수도 있다.

마지막으로, 우리 시대가 다양한 교육 제도 및 교육 방법에 의
해 형성되어 왔다는 사실 역시 경시할 수 없다. 교육 그 자체는
우리의 인식, 가치, 지식 및 행동 양식의 근원은 아니며 단지 이
것들을 전달할 뿐이다. 하지만 그와 같은 과정에서, 교육은 우리
시대의 사고와 행동에 중대한 영향을 끼쳐왔다. 왜냐하면 교육 체
계들은, 그것이 아무리 방대하다 하더라도, 단지 제한된 전달 통
로일 수밖에 없기 때문이다. 교육 체계들은 한 시대의 모든 가치
와 신념을 전달할 수는 없으며, 다만 그것이 전달하고자 선택한
것들을 중시할 수밖에 없다. 우리가 사물을 분석하고, 전문화를
과대평가한다는 사실, 그리고 다음 세대에 대한 책임을 회피하며,
다른 민족과 우리를 구별해서 우리를 우월하다고 보는 것, 인간과
자연을 분리해서 보고 인간의 우위를 주장하는 것 등은 모두 우
리가 학교에서 배운 방식과 비공식적이고 지속적인 사회 교육의
결과들이다.

과학과 예술, 종교, 교육은 현대를 형성하는 데 중요한 역할을

담당했고 다음 시대에도 역시 마찬가지일 것이다. 새로운 시대를
열어가는 책임을 다하기 위해서는 예술과 교육은 말할 것도 없고
과학과 종교 역시 그들의 역할을 분명히 인식하고, 나아가 이들이
사회에 끼치는 영향력에 대해서도 알아야 한다. 이러한 관점에서,
과학과 예술, 종교, 교육이 담당해야 할 일은 실로 막중하다.

도전

과학의 경우를 보자. 히로시마와 나가사키에 처음으로 원자 폭
탄이 투하된 이래 과학자들 사이에 사회적인 자각이 있었지만, 과
학 공동체를 대표하는 대다수의 과학자들은 재정적인 지원을 잘
받는 분야가 아니면 전문적인 이해관계가 걸린 문제에만 관심을
집중시켜 왔다. 암이나 에이즈 관련 연구 등 연구 지원이 풍부한
분야와 소위 〈국가 안보〉와 관련된 분야를 제외하고, 과학자들은
그들 자신의 고도의 전문 분야에만 매달림으로써 사회에 대한 관
심에서 멀어져 왔다. 대학과 연구소에서의 교수 및 연구 활동은
특정 분야가 지니는 다른 분야와의 관련성을 외면한 채 과학을
전문화된 학문 분과들로 분할시켰다. 대다수의 과학자들은 인간
적인 관심사, 심지어는 다른 분야의 사람들과 유리된 채 성장해
왔다. 과학자들이 다른 학문 분야는 말할 것도 없고, 심지어는 그
들 자신의 학문 분야 가운데 다른 쪽에서 이루어진 진보에 대해
서 안다는 것은 극히 드문 경우였다. 과학자들이 그의 동료들과
의사소통을 한다는 것은 더더욱 힘들었다. 과학자들은 위엄 있는
연구소와 대학에 의해 보호되는 상아탑 속에 갇힌 초전문가 super-
specialist가 되었다. 그러나 지금은 이러한 모습이 변하고 있다. 밖

으로는 광범위한 문제들에 의해 압력을 받고, 안으로는 새로운 학제적 통찰과 이론들에 의해 자극을 받는 가운데 과학자들은 이제 편협한 분과적 영역에서 벗어나 거시적인 조망을 하려고 시도하고 있다.

  예술계 역시 변화하고 있다. 최근까지 많은 예술가들은, 이론 과학자들이 그랬던 것처럼, 그들의 일상적인 관심사로부터 동떨어져 있었다. 일부 예술 서클에서는 예술을 위한 예술이 신성한 교의가 되어왔으며, 그것은 파문의 두려움 때문에 타협될 수는 없는 것이었다. 예술가들은 신문도 없고, TV 프로그램도 없으며, 일상 세계의 세속적 사건들과도 접할 수 없는 스튜디오의 희박한 공기 속에서 그들의 작품을 창조한다. 예술사가들은 오직 천재적인 예술가들이 제정하고 개정한 법칙에 따라서, 그림, 조각, 시, 희곡, 음악, 춤 및 기타 예술 분야들을 배타적으로 평가해 왔다. 예술 이론가들은 예술적 〈대상 object〉과 개인적 〈지각자 perceiver〉 사이의 하나의 관계로서 예술을 분석하였고, 비평가들은 기법이나 스타일에 지나치게 집착한 나머지 사회적인 영향이나 사회와의 관련성에 대해서는 거의 관심을 기울이지 않았다. 그러나 오늘날은 과거 그 어느때보다도 훨씬 더 많은 수의 사람들이 이 세계의 현실과 직면해서 그것들과 화해하려고 애쓰고 있다. 뉴욕이나 런던의 전위예술 혹은 행위예술가들은 그들의 관심을 작품 속에 반영하고 있다. 사회적 관련성이 예술 속으로 되돌아오고 있는 것이다.

  조직화된 종교는 예술이나 과학 공동체보다 변화가 느리다. 대부분의 경우에 교회나 사찰 그리고 유대 교회당 등은 그들 동포의 영혼보다 다른 종교 집단에 맞서 그들 자신의 위엄을 지키고 영향력을 키우는 데 더 큰 관심을 가지고 있다. 종교 전쟁은 역사상 되풀이되는 현상이며 교파주의는 여전히 주요 종교의 노력을 가로막고 있다. 아일랜드, 발칸 반도 및 걸프 만에서의 갈등에서 잘 볼 수 있듯이, 종교 집단들 사이의 〈성전 holy war〉이 아직도 계속되고 있다. 교파적 경쟁이 적개심을 자극하고 있으며 전 지구상에서 갈등과 폭력을 야기하고 있다.

교육이 사회적 관련성을 망각한 책임이 있는 것은 아니지만, 현대의 탁월한 과학자, 예술가, 휴머니스트들이 생산한 지식과 아이디어를 제대로 전달하지 못했다는 점에는 책임이 있다. 오늘날 교육 기관들은 아직도 세계가 마치 독립적인 주권 국가들로 분명하게 구분되고, 나의 조국과 나머지 국가들이 나누어질 수 있는 것처럼 가르치고 있다. 또한 세계를 물리적 실체, 생명체의 세계, 그리고 인간의 의도와 행위를 다루는 영역으로 나누는 19세기 과학의 범주에 따라 지식 체계를 구분하고 있다. 과학 기술, 인문과학과 사회과학, 인본적 정신문화 등으로 구분한 결과, 전체론적 관점에 입각한 통합적 전망을 거의 불가능하게 하고 있다.

과학, 예술, 종교, 교육이 담당해야 할 획기적인 역할은 열린 사고를 지닌 전문가들의 반성적 사고를 통해서만 책임 있게 완수될 수 있다. 예술, 종교, 교육과 마찬가지로 과학 기술 역시 의도적으로 우리 시대를 불안하게 만든 것은 아니며 또 그에 대해 비난을 받을 필요는 없다. 하지만 비난받을 수는 없다고 할지라도 우리 시대가 처한 곤경에 대한 책임은 느껴야 한다. 기술자, 과학자, 예술가, 종교 종파들과 교육자 공동체는 그들의 편협한 이해관계에서 벗어나 새롭고 더욱 인간적인 안정된 세계를 건설하는 데 힘을 모아야 한다.

그러면 오늘날 정부와 경제계 지도자들은 어떠한가? 그들 또한 잘못이 없는가? 우리의 연못을 위협하고 있는 무분별한 성장에 대한 책임이 없는가?

이탈리아의 기업인으로 로마 클럽 Club of Rome을 창설한 아우렐리오 페체이 Aurelio Peccei는 오늘날 최고의 힘을 지닌 인류는 그 힘을 적절하게 사용하는 지혜를 상실했다고 말함으로써 문제의 본질을 잘 지적한 바 있다. 이와 같은 문제의 심각성은 사적 분야와 공적 분야에서도 마찬가지이다. 정치가들과 기업인들은 그들이 지닌 힘을 적절하게 사용하지 못하고 있다. 물론 일반적으로는 국가 권력을 국가의 위상과 국부를 증진시키기 위해 사용하고, 기업이 사업을 발전시키고 이윤을 극대화하는 데 전력을 다하는 것이 힘을 적절하게 사용하는 것이다. 하지만 혼돈과 변환의 시기에는 반드시 그렇지만은 않다. 국가와 기업의 근저에 있는 체계가 불안정한 경우에, 그것을 지탱하는 것은 단지 붕괴를 지연시키며 상황을 더욱 위험하게 만드는 것일 뿐이다.

질식할 것 같은 전세계적인 연못에서 비롯된 국가나 기업의 붕괴는 오늘날의 지도자들이 의도한 바는 아니다. 하지만 최근 그들의 노력은 단지 이러한 결과들만을 낳을 것이다. 중국에서 최근 발생한 사건들은 이것을 잘 보여주고 있다.

1989년 6월의 학생 시위 이후 등소평 체제의 강경 노선에도 불구하고 민중들 사이에서는 낙관론이 놀라울 정도로 고조되었다. 이데올로기적 통제 Ieological Gleichschaltung에도 불구하고 시장에는 더욱 많은 양식이 있었고 중국 인구의 대다수를 차지하는 농부들은 특히 만족해했다. 그들은 먹을 양식이 충분했을 뿐만 아니라 더욱더 부유해져 가고 있었다. 농부, 노동자, 관료들은 모두가

지도부의 정책이 어떤 것인지에 대해서 걱정하지 않았다. 하지만 중국 지도부의 정책은 정확히 반대 방향, 즉 번영이 아닌 파멸로 향하고 있었다. 결국 이것은 안정보다는 붕괴로 귀결될 것임이 분명하다. 그 이유를 알기 위해 복합적인 컴퓨터 모델까지 요구할 필요는 없다.

중국 본토에서는 전세계 인구의 22%가 전세계 경작지의 7%만으로 살아가고 있다. 경작지가 집약적으로 활용되고 있다는 사실이 분명하다. 농부들은 자신의 땅을 소유하며 생산물을 시장에 팔 수 있다. 그들은 약간의 돈을 벌어, 마치 수완 좋은 사업가처럼, 번 돈의 대부분을 그들의 사업에 재투자한다. 그들은 대나무나 철 구조물에 간단하게 비닐을 씌운 온실을 만들어서 더 오랜 기간 동안 양배추와 다른 채소들을 키울 수 있다. 더 많이 생산해서 더 많은 돈을 수중에 넣을 수 있다. 하지만 그러기 위해서는 더 많은 일손이 필요하기 때문에 한 가족에 한 아이만으로는 부족하다. 여자 아이들은 부모들의 남아 선호로 인해 그 수가 줄어드는 추세다. 중국에서는 세금을 더 낼 수만 있다면 더 많은 아이를 가질 수 있다. 농부들은 돈이 있고 아이가 필요하기 때문에 아이를 낳고 기꺼이 세금을 내고 있다. 조만간 더 많은 사람들이 토지를 경작할 것이고 그 결과 더 많은 토지가 집약적으로 경작될 것이다. 그들은 불모지에서 더 많은 생산물을 짜내게 될 것이다.

그 결과를 예측하는 것은 어렵지 않다. 이미 지적한 대로, 토양 침식은 중국의 경우에 매우 심각한 문제이다. 이것은 이용 가능한 목초지의 1/3에 영향을 끼치고 있다. 동시에 환경 오염이 도시로부터 광활한 시골 지역으로 퍼져나가고 있다. 중국의 지방 기업 가운데 약 40% 정도가 전원을 오염시키는 심각한 원인이 되고 있다. 그리고 관개, 집안일, 위생을 위협하고 있는 용수 부족 현상이 심화되고 있다.

더 많은 사람들을 먹이고 더 많은 아이를 낳음으로써 더 많은 토지를 경작하게 될 때 나타나는 현상은 쉽게 예측할 수 있다. 예상되는 시나리오는 다음과 같다. 잠깐 사이에 시골 인구의 성장 곡선이 급상승한다. 기본적인 식량 생산율 곡선도 상승하지만 토양 침식, 오염, 불충분한 관개의 대가를 치러야 한다. 그에 따라 성장 곡선이 둔화된다. 현재의 식량 공급 수준(최소한의 수준)을 유지하려면, 중국의 인구 성장 곡선도 동시에 구부려져야 한다. 그러나 연못에 있는 물고기나 시장의 양배추와는 달리, 사람들은 하루 이틀 사이에 사라지지 않는다. 그들은 굶주림으로 불평을 토로하며 그렇게 되면 그들은 폭동을 일으킨다. 이러한 과정은 중국의 5000년 역사에서 자주 반복되었다. 전제 정치는 언제나 억압받는 대중의 반란으로 무너졌다. 중국의 현체제는 황제의 정책들을 모방하고 있는데, 이것은 이전 왕조와 마찬가지로 스스로의 무덤을 파는 것이다. 13억이 넘는 중국에게 이것은 실로 깊고 비극적인 무덤이 될 것이다.

중국의 발전 시나리오는 장기적인 붕괴의 위험을 무릅쓰고 단기적인 이익을 극대화하려고 애쓰는 공공 영역과 사적 영역의 단견을 보여주는 수많은 예들 가운데 단지 하나에 불과하다. 농촌과 도시, 농업과 산업을 막론하고 우리의 사회·경제적 체계들은 바로 지금 안정의 문턱 가까이에서 작동하고 있다. 체계들은 이와 같은 문턱을 빠르게 넘어설 수 있는데, 그렇게 되면 체계들은 혼돈에 빠질 것이다.

1980년대에 서구에서는 유망한 사업을 파산 상태로 방치한 채,

빨리 돈을 버는 데에만 사람들의 관심이 집중되었다. 그 결과 빨리 부자가 되기 위한 책략들과 저급 채권들이 난무하고 기업 사냥꾼들이 득세한 적이 있다. 소말리아, 에티오피아, 방글라데시와 같은 개발 도상국들은 자연 재해와 가뭄에 거의 무방비 상태에 놓여 있다. 이들 국가의 사회·경제적 체계는 하부구조가 취약하다. 따라서 장기적인 계획을 보다 잘 갖추고 있는 국가들이 효과적으로 대처할 수 있는 난관에 대해서 이들 국가는 잘 대처할 수 없다. 서반구에서 가장 가난한 나라 가운데 하나인 아이티 Haiti에서는 숯을 만들기 위해서 사람들이 나무를 자르고 있으며 그 결과 거대한 숲이 사라지고 있다. 눈앞의 생존을 위해서 장기적으로 커다란 손실을 초래하고 있는 것이다.

인도는 엄청난 수의 화력 발전소와 원자로를 도입하고 있는데, 그 가운데 90%가 서구에서 들여온 기계 장치들이다. 문제는 이들 화력 발전소의 가동률이 50%를 밑돌고 있으며 1600개의 댐에서 단지 전체 전력의 2.5%만을 공급하고 있다는 점이다. 서방 세계로부터 계속 도입하고 있는 화력 발전소에 필요한 새로운 기계 장치들은 몇 년 이내에 가격이 2배로 뛸 것이다. 인도의 물은 70%가 오염되어 있는데, 가장 큰 이유는 바로 서구 회사들이 판매한 살충제 때문이다(서구에서는 이미 오래전에 살충제 사용이 금지되었다). 인도의 7억 인구 가운데 80%가 시골에 살고 있지만, 그들 가운데 단지 4%만이 마실 수 있는 물을 가지고 있다. 오염의 주된 원인은 인도 내부에서 기인한 것(분뇨 문제)으로 추정되고 있다. 더욱 소름이 끼치는 것은 3만 5000명의 인도인들이 베나레스 Benares라는 도시 한곳에서 화장되어 그 재가 갠지즈 강에 뿌려진다는 사실이다. 게다가 신체의 일부만 탄 1만 구의 시신, 특히 문둥병자들의 시신이 강으로 내던져지고 있다. 도시의 주요 상수관으로부터 단지 100야드 상류에 있는 강으로 흘러 들어가는 대형 하수관을 통해 베나레스 한곳에서 매일 2000만 갤론의 하수 오물이 갠지즈로 방류되고 있는 것이다.

문제가 되는 것은, 공공 영역이든 사적 영역이든 관계없이, 단기적인 이익 상실에 대한 두려움 때문에 장기적인 대가를 지불하려는 사람이 거의 없다는 사실이다. 오늘날의 지도자들은 장기적인 안정을 단기적인 이익과 맞바꾸고 있다. 정치가들이 인정하듯이, 후임자가 정책을 바꾸어버릴 수 있는 상황에서 선임자가 자신의 재임 기간 이후의 이익을 추구하는 것이 무슨 소용이 있는가? 정부가 계획을 수립하는 사이클은 이번 선거에서 다음 선거까지이며, 회사의 경우는 이번 주주 총회에서 다음 주주 총회까지의 기간이다. 장기적인 안목이 있어야 한다는 주장에 대해서 사업가들은 우리 모두가 결국은 죽을 것이라는 케인즈 Lord Keynes의 격언을 되풀이하는 경향이 있다. 그러나 변화는 가속화되고 있고 시간은 점점 줄어들고 있다는 사실을 기억하는 것도 좋을 것이다. 우리가 살아 있는 동안에 바로 그 〈장기적인 것〉에 직면할 수도 있다. 만일 우리 생애에서 마주치지 않는다면 우리 자녀들의 생애 동안에는 틀림없이 마주치게 될 것이다. 우리 자녀들 —— 그리고 우리 국가와 우리 기업 —— 이 그때까지는 모두 죽거나 사라져야 한다고 거침없이 말할 사람은 아무도 없을 것이다.

인도의 환경부 장관이었던 간디 Maneka Gandhi는 최근에 재조직화 reorganization의 중요성을 다음과 같이 강조한 바 있다. 〈매일 이탈리아에서 스웨덴으로 과일을 실어 날아야 하는가? 자동차를 두 대씩 가질 필요가 있는가? 일회용 아기 기저귀를 사용할 필요가 있는가? CFCs가 오존층을 파괴한다는 사실이 서구에서 이미 10년 전에 밝혀졌는데도, 그것을 우리에게 판매할 필요가 있었는가? 서구 세계가 환경에 끼친 가장 심각한 피해는 우리와 같은 제3세계 엘리트들 사이에 확고하게 자리 잡은 성장 이데올로기를 전파한 데서 비롯되었다. 성장 이데올로기의 공리는 간단하다. 성장은 좋고 저성장은 나쁘다. 성장이 없다는 것은 곧 재앙이다.〉

이제는 정치가들 못지않게 기업인들이 인간적인 조건을 생각하면서 일상적인 결정들을 내려야 할 때다. 그들은 군사력이나 경제력의 양극 체제가 다수의 경쟁적 행위자들로 구성된 다극 체제로 바뀌고 있고, 전반적인 경제 성장이 둔화되고 있으며, 정보의 양과 질이 증대되고 있다는 사실을 알고 있다. 뿐만 아니라 기술 혁신이 가속화되고 있고 다양한 종류의 경이로움과 불확실성이 증가하고 있다는 사실도 알고 있다. 그들은 이러한 것들이 전후(戰後)의 광범위하고 양적인 성장의 시기로부터 이제는 집약적이고 질적인 발전에 의해서만 통과해 나아갈 수 있는 혼돈의 시기로 향해 가고 있음을 보여주는 표적들이라는 사실을 또한 어렴풋이 깨닫고 있다. 양적인 경제 지표보다는 오히려 삶의 질과 〈인간적인 개발〉 지수를 중시하고, 읽고 쓰는 능력과 평균 수명을 측정하는 등 질적인 것에 이미 상당한 관심을 기울이고 있다. 〈삶의 질〉이라는 용어가 삶의 본질적인 차원에 관심을 가지고 있는 사람들에 의해서 많이 사용되고 있으며, 최근 대도시에서 삶의 질을 표시하는 지표들이 그 중요성을 더해 가고 있다.

우리 연못에서 수련들이 아슬아슬하게 성장하고 있고, 그 결과 사회·경제적 체계에서의 혼돈이 증대되고 있는 이유는 다양하다. 현대 사회의 리더십이 성장의 추세를 간단하게 원상태로 돌리

거나 멈추게 할 수는 없지만, 고통이 덜한 방향으로 이끌 수 있도
록 조정할 수는 있을 것이다. 오늘날의 지도자들이 인류의 상황을
폭넓은 맥락에서 이해하고 이것을 일상적인 의사 결정에 반영해
야만 한다는 책임감을 느낀다면, 그들은 그들이 한 일을 뒤돌아보
면서 〈인류의 새롭고 긍정적인 미래를 위해 나의 몫을 다했다〉라
고 말할 수 있을 것이다. 그와 같은 관심과 배려가 없다면, 점점
더 거칠게 요동치고 있는 수련 연못에서 최후의 심판이 있게 될
날을 지연시키는 것 이외에는 아무 일도 하지 못할 것이다.

제 3 장

두갈래치기와 혼돈

지난 100년 동안의 놀랄 만한 변화는 과학의 진보를 가져왔고 새로운 용어들을 만들어냈다. 그리고 산업 사회와는 전혀 다른 새로운 시대가 출현하였다. 새로운 시대의 도래는 중세에서 근대로의 변화와는 비교할 수 없을 정도의 엄청난 변화를 의미하는 것이다. TV, 컴퓨터, 팩시밀리 등은 정보화 시대 그리고 전세계적인 커뮤니케이션에 기초한 새로운 세계를 특징짓는 용어들이다. 그 가운데 어떤 용어들은 단순히 전세계적인 변화를 지칭하는 것이 아니라 변화의 역학 그 자체를 가리키고 있다.

지식인들 심지어는 과학자들조차도 〈두갈래치기 bifurcation〉라는 단어가 지닌 과학적 의미나 중요성에 대해서 무지했던 시기가 있었다는 사실을 도저히 믿을 수 없는 그런 시대가 올 것이다. 마치, 관성 inertia, 세포 cell, 간격 interval, 유인자 attractor라는 말들이 각각 갈릴레오 Galileo, 슈반 Schwann, 로렌츠 Lorentz 그리고 울람 Ulam에 의해서 새로운 과학적 의미를 부여받기 이전부터 이미 존재하고 있었듯이, 두갈래치기라는 단어 또한 일상 언어의 일부로서 오랫동안 존재해 왔다. 이들 과학자들에 의해 발전된 과학 —— 운동학, 미생물학, 상대성 이론, 혼돈 이론 —— 의 영역 밖에서 이들 단어들은 세속적인 즉 비과학적인 설명력을 지니고 있었다. 물론 나중에 이와 같은 용어들은 과학적 의미의 범주 안으로 들어오게 되었다.

어떤 의미에서 이러한 단어들은 벡터 vector, 프로톤 proton, 라이소좀 lysosome, 쿼크와 같은 과학적 용어들이 새롭게 주조된 것과 마찬가지로 새로 생겨난 것이다. 이러한 용어들이 생겨나면서 새로운 과학, 즉 사물을 보고 세계를 탐구하고 자연을 조작하는 새로운 방법이 등장하였다. 새로운 과학은 그 분야에서 이루어진 지금까지의 모든 노력이나 업적들을 시대에 뒤떨어지고 적절하지 못한 것으로 그리고 때로는 —— 아마도 부당한 것일 수 있는데 —— 인식상의 오류로 간주하였다. 하지만 어떤 경우에는 새로운 용어를 기반으로 등장한 새로운 과학이 이전 세계와는 질적으로 전혀 다른 새로운 시대를 가져올 정도로 우리의 삶에 끼친 영향력이 크다.

유클리드, 뉴턴, 다윈, 프로이트 그리고 아인슈타인 등에 의해 새로운 시대가 시작되었다는 점은 분명하다. 새로운 용어들은 인류에게 새로운 시대를 가져다주는 새로운 과학의 상부구조를 형성하는 관념들을 새롭게 만들게 된다.

두갈래치기가 바로 그와 같은 용어로서 그것은 지금까지의 과학의 인식 한계를 넘어서서 체계와 현상들을 이해할 수 있는 수단을 제공하고 있는 새로운 과학의 핵심에 위치해 있다. 사실 혼돈 이론과 일반 체계 이론을 이루고 있는 모든 용어들 가운데서 두갈래치기가 가장 중요할 수 있다. 왜냐하면 첫째로, 오늘날 거의 모든 사람들이 공유하고 있는 하나의 가장 중요한 경험을 두갈래치기가 적절하게 묘사하기 때문이다. 둘째는, 그것이 현대 사회의 미래를 형성하게 될 가장 결정적인 하나의 사건을 정확하게 묘사하고 있기 때문이다. 그러나 선구적인 몇몇 연구자들을 제외하고는 두갈래치기의 의미가 무엇이고 그것을 어떻게 적용할 수 있는가에 대해서 알고 있는 사람이 거의 없다. 심지어는 1985년의 브리태니커 백과사전에서도 두갈래치기나 혼돈 이론에 대한 내용을 전혀 찾아볼 수 없다.

두갈래치기와 혼돈 이론에 대한 간략한 소개

두갈래치기란 무엇인가? 혼돈과 마찬가지로 이 용어 역시 일상적으로 사용되고 있는 것 이상의 또다른 의미를 내포하고 있다. 혼돈은 무질서와 혼란스러움을 의미하는 것으로 사용되곤 했지만 지금은 미묘하고 복합적인 그리고 극도로 민감한 일종의 질서를 의미한다. 두갈래치기는 2개로 갈래지는 것 —— 라틴어의 *bi*는 〈둘〉을 의미하고, *furca*는 〈갈라진다〉는 의미이다 —— 을 의미하는 것으로 사용되었다. 그러나 오늘날은 이것보다는 더욱 특수하고 구체적인 무엇인가를 의미하고 있다. 현대의 과학적 용례에서, 두갈래치기는 지나친 제약과 중압에 노출되었을 때에 복합적 체계들이 보여주는 근원적인 특징을 나타내고 있다. 이와 같은 의미에 대해서 아는 것이 중요하다. 왜냐하면 우리들 자신은 우리가 살고 있는 사회나 환경과 마찬가지로 제약과 중압에 노출된 복합 체계들이기 때문이다. 사실상 현대 사회는 지금 제약과 중압의 수준이 위험한 상태에 도달하고 있다.

두갈래치기의 새로운 의미를 잘 아는 것은 우리 시대의 본질적 지식에 속한다. 두갈래치기의 의미는 최근 자연과학과 수학의 가장 발전된 분야에서 잘 나타나고 있다. 비평형 열역학*과 역학적 체계 이론 dynamical systems theory —— 고전 역학 가운데 가장 최근에 발전된 분야 —— 도 두갈래치기와 관련이 있는 과학 분야이다. 그러나 놀랄 필요는 없다. 왜냐하면 원래가 매우 기술적인 용어임에도 불구하고 두갈래치기의 새로운 의미를 파악하는 것은 어렵지 않기 때문이다.

비평형 열역학에서 두갈래치기는 〈평형으로부터 멀리 떨어진 상태〉*나 그와 같은 조건에 놓인 복합적 체계들의 행위를 가리킨다. 두갈래치기는 그러한 체계들이 영원히 편안하게 있을 수 있는 상태에서 벗어나도록 중압을 받게 될 때, 즉 그들의 환경이 불안정해질 때에 발생한다. 실제 세계에 있는 복합적 체계들은 거의 항상 평형으로부터 멀리 떨어진 상태에 있기 때문에 체계를 구성하고 있는 내부적 힘과 체계의 환경을 구성하고 있는 외부적 힘 사이의 균형을 깨뜨리는 변화가 빈번히 일어날 수 있다. 그리고 이와 같은 일이 벌어지면 갑작스럽고 비선형적인 〈혼돈스러운〉 과정들이 펼쳐진다. 그렇게 되면 그 결과는 다음과 같은 두 가지 중의 어느 하나가 된다. 즉, 혼돈스러운 과정들이 체계를 재구성

---

* nonequilibrium thermodynamics : 물리적 우주에 있는 체계들의 진화와 역학을 다루는 자연과학으로 비가역적 과정의 열역학으로도 잘 알려진 분야 — 역자 주
** 이것은 체계가 약해지고 균형을 잃은 상태를 의미하는 것이 아니라, 내부적 힘이 체계를 무작위적인 상태에 빠지지 않도록 하는 역동적인 상태를 의미한다. — 역자 주

함으로써 궁극적으로는 체계를 더욱더 복합적인 것으로 이끌게 되는 궤적을 따르도록 하거나 —— 이것이 결국은 생명체의 진화 과정이며 아마도 정신과 의식의 진화 역시 이렇게 이루어질 것이다 —— 아니면 혼돈적 과정들이 체계에 치명적인 요동을 가져와 체계가 해체된다. 비평형 열역학에서 복합적 체계들의 진화는 항상 비가역적 irreversible이다. 왜냐하면 체계가 선택할 수 있는 유일한 대안은 복잡성을 증대시키는 것 아니면 완전한 종말이기 때문이다. 그러므로 비평형 열역학에 따르면, 체계들은 일시적 발전으로 나가는 분명한 방향성을 보여주고 있다. 이것은 체계가 무작위적인 상태와 무질서를 향해서 나아간다고 보는 고전 열역학의 〈시간의 화살 Time's Arrow〉 개념과는 반대되는 것이다.

역학적 체계 이론에서 두갈래치기는 보다 추상적이기는 하지만 아주 중요한 의미를 지니고 있다. 여기서는 혼돈을 복합적이고 예측 불가능한 형태의 질서로서 새롭게 인식하고 있다. 역학적 체계 이론에 따르면, 체계는 체계가 점유할 수 있는 모든 상태를 표시하는 〈위상 공간 phase space〉 그래프를 통해서 나타낼 수 있다. 따라서 체계는 위상 공간 그래프 상의 어떤 지점에도 위치할 수 있다. 체계는 위상 공간에 있는 특정한 궤적들(또는 시계열이라고도 불림)을 따라서 발전하도록 만드는 힘들, 그 〈유인자들〉에 대해 반응할 수 있다. 이러한 유인자들은 하나의 전체 체계에 작용해서 체계가 현재의 위상에서 완전히 벗어나도록 역동적인 특질들을 변화시키기 때문에 고전 역학에서 의미하는 힘들과는 그 성질이 다르다.

달리 말하면 고전 역학에서 의미하는 힘들은 중력장이나 탄성을 지닌 충돌처럼 마치 하나의 장 field으로써 질량의 궤도나 위치

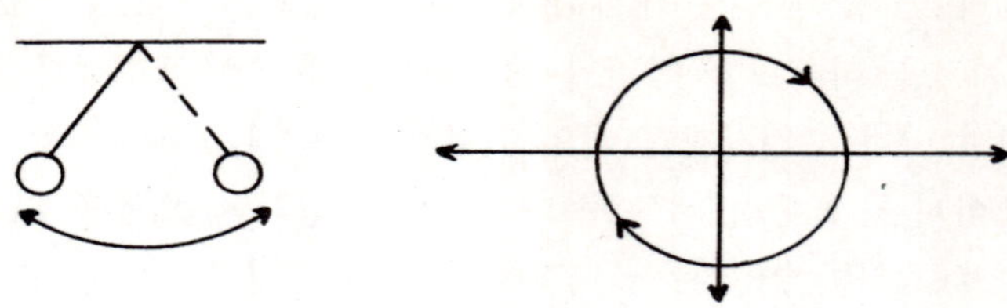

그림 1 운동은 소위 위상 공간에 그래프로 표시될 수 있다. 위에서 보듯이, 진자가 마
찰이 없다고 가정하면 진자의 운동은 주어진 일련의 초기 조건으로부터 시작한
다. 위의 그림은 체계가 생성하는 속도-위치의 모든 결합을 나타냄으로써 진자
에 매달린 추의 속도와 위치가 어떻게 함께 변화되는가를 보여주고 있다.

를 묘사하고 있다. 그런데 이러한 고전적인 의미의 힘들은 체계의
궤적을 위상 공간에 표시하는 가장 원시적이고 가장 단순한 형태
의 유인자에 불과하다.

　체계가 어떤 문턱의 한계를 넘도록 중압을 받게 되면, 예를 들
어 체계가 열을 받게 되거나 압력이 올라가게 되면 일련의 유인
자들이 다른 일련의 유인자들로 바뀌게 된다. 그렇게 되면 체계는
다르게 행위하게 된다. 이론적으로 표현하면, 체계가 새로운 역동
적 체제로 안정되는 것이다. 두갈래치기가 일어나는 것은 바로 이
러한 전환의 시점이다. 체계는 더 이상 초기 유인자들의 궤적을
따르지 않고 체계를 마치 아무렇게나 행위하게 하는 것처럼 만드
는 새로운 유인자들에 대해서 반응한다. 그러나 체계는 무작위적
으로 행위하지 않는다. 이 같은 사실은 역학적 체계 이론을 통해
서 우리가 알게 된 하나의 중요한 사고의 전환이다. 그 체계는 다
만 더욱 복합적인 궤적을 그리는 일련의 새로운 유인자들에 대해
서 반응하고 있는 것이다.

　두갈래치기라는 용어의 가장 중요한 의미는 그것이 통상 보다

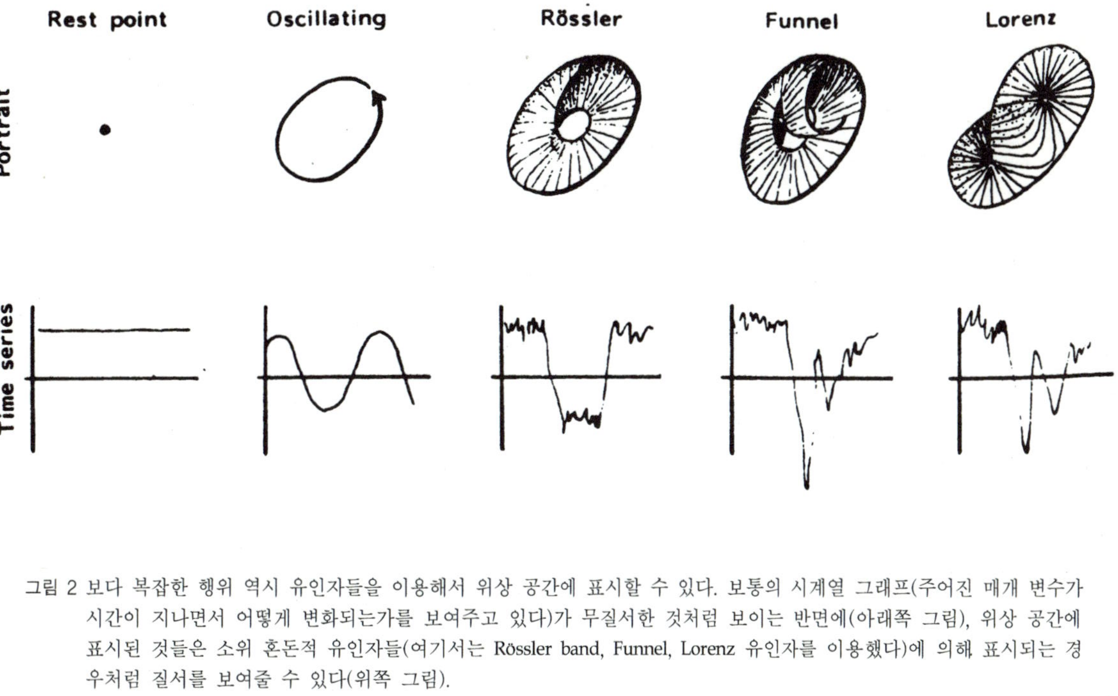

그림 2 보다 복잡한 행위 역시 유인자들을 이용해서 위상 공간에 표시할 수 있다. 보통의 시계열 그래프(주어진 매개 변수가 시간이 지나면서 어떻게 변화되는가를 보여주고 있다)가 무질서한 것처럼 보이는 반면에(아래쪽 그림), 위상 공간에 표시된 것들은 소위 혼돈적 유인자들(여기서는 Rössler band, Funnel, Lorenz 유인자를 이용했다)에 의해 표시되는 경우처럼 질서를 보여줄 수 있다(위쪽 그림).

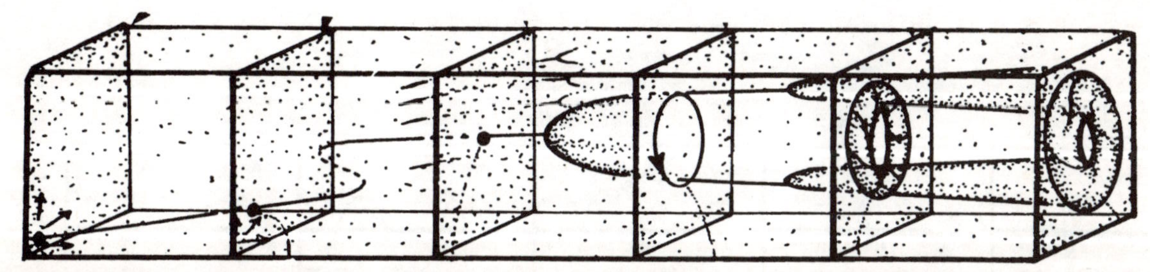

그림 3 위상 공간에 표시한 것들은 체계의 행위가 시간이 지나면서 어떻게 진화하는가를 보여줄 수 있다. 위 그림에서 보듯이, 한 구석에 있는 점 유인자 point attractor가 중앙으로 이동해서 주기적인 유인자 periodic attractor로 두갈래치기를 한 후, 그 다음에는 혼돈적 유인자 chaotic attractor로 두갈래치기를 한다.

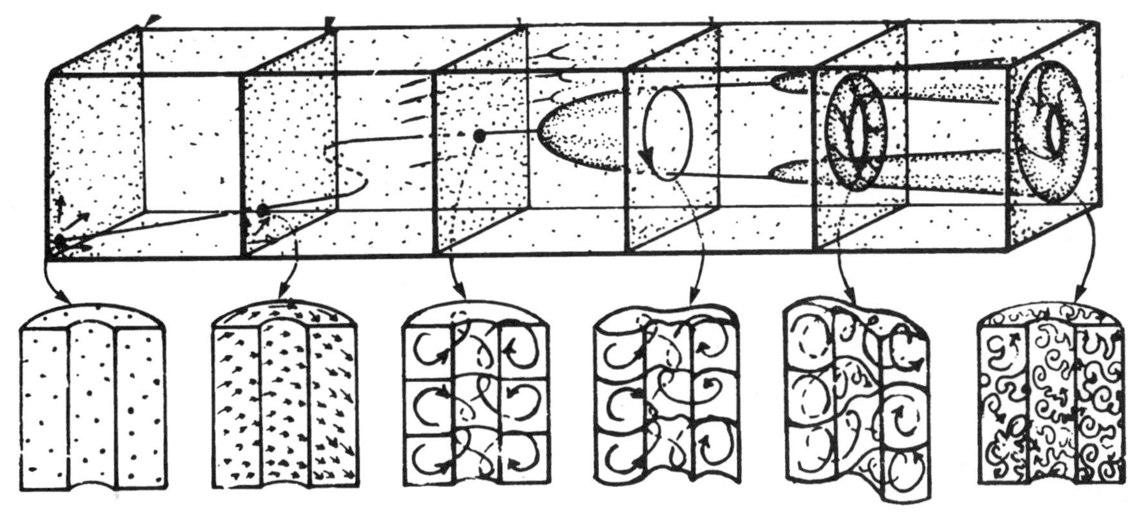

그림 4 위상 공간에 단계적으로 묘사된 것들은 실제 세계의 체계들을 모형으로 나타내며 질서를 보여준다. 여기서 단면도의 형태로 표시한 것들이 단지 혼돈만을 보여주는 반면에, 위의 그림은 둥근 콘테이너 속에 있는 유체의 운동이다. 콘테이너의 각 단면도들은 유인자들의 진화를 보여주는 각각의 단계들을 나타낸다. 점 유인자는 정지된 유체 속에 잉크 방울이 떨어진 것으로 가상할 수 있다. 점 유인자가 진화함에 따라 더욱 복잡한 운동이 콘테이너에서 나타나고, 결국 유체의 운동은 (맨 오른쪽 단면도에서 보듯이) 완전한 혼돈 상태가 된다. 그럼에도 불구하고, 혼돈적 유인자(도넛 모양)는 이에 상응하는 질서의 형태를 보여주고 있다.

안정적이고 보다 단순한 유인자들로 이루어진 역동적 체제로부터 더욱 복합적이고 〈혼돈적인〉 유인자들로 구성된 역동적 체제로 향하는 체계의 전환을 가리킨다는 것이다. 수학자들은 다양한 종류의 두갈래치기를 연구하기 위해서 컴퓨터 모델링과 시뮬레이션을 이용하고 있다. 그리고 두갈래치기들이 이끄는 역동적인 체제들과 두갈래치기 자체를 바탕으로 그것들을 범주화하고 있다.

두갈래치기의 종류는 다음과 같이 나눠볼 수 있다.

✻ 미묘한 두갈래치기 Subtle bifurcation — 체계의 전환이 매끄럽고 지속적인 경우

✻ 파멸적인 두갈래치기 Catastrophic bifurcation — 유인자들의 중압이 누적되어 체계의 전환이 돌발적으로 나타나는 경우

✻ 폭발적인 두갈래치기 Explosive bifurcation — 하나의 체제에서 다른 체제로 벗어나도록 압박하는 갑작스럽고 불연속적인 요인들에 의해 체계의 전환이 일어나는 경우

일단 새로운 역동적 체제에 들어가게 되면 체계는 다음과 같은 다양한 방식으로 행동할 수 있다. 먼저, 체계는 체제 내의 분리된 가치들 사이의 요동 상태를 유지함으로써 체계에 새로운 질서를 부과하는 새로운 유인자들에 대응할 수 있다(튜어링 Turing 두갈래치기). 둘째로, 하나의 가치나 혹은 일련의 가치들에 정착하는 데 실패함으로써 체계가 많은 가치들 사이에서 광범위하게 요동칠 수도 있다(호프 Hopf 두갈래치기). 끝으로, 두갈래치기는 단지 체계가 새로운 안정 영역을 찾기 위해 하나의 체제를 통과해 가는 하나의 전환 단계일 수 있다. 그럴 경우에 두갈래치기는 체계가 안정적인 역동적 체제를 향해 나갈 수 있는 하나의 〈창문〉이 된다.

우리가 체계를 위상 공간으로 묘사하게 되면 두갈래치기라는

용어의 적합성을 발견할 수 있다. 체계는 하나의 매개 변수가 문턱의 한계를 넘어설 때까지는 잘 정식화된 궤적을 따라서 안정된 상태로 나아간다. 하지만 바로 그 지점에서 궤적이 갈라지면서 체계가 이전과는 다르게 행위하고 그리고 다른 새로운 가치들을 받아들이는 위상 공간의 영역으로 들어가게 된다. 체계는 새로운 유인자들에 보조를 맞추면서 또다른 궤적을 따르게 되는 것이다. 그러나 진화 과정에서 복합적인 비평형 체계들은 분명한 패턴을 지닌 궤적을 보여주고 있다는 사실을 기억하는 것이 중요하다. 우리는 두갈래치기가 일어날 때 그것이 택하게 될 정확한 궤적을 예측할 수는 없다. 그러나 그렇다고 해서 진화하고 있는 체계가 시간이 지나면서 보여주게 될 기본적인 패턴을 우리가 볼 수 없거나 예측할 수 없는 것은 아니다. 따라서 진화의 기본적인 패턴을 예측하는 것은 얼마든지 가능하다.

두갈래치기 과정은 체계가 언제 안정의 문턱을 넘도록 떠밀려서 혼돈의 단계로 들어가는지를 말해 준다. 이러한 혼돈이 반드시 체계에 치명적인 것은 아니다. 혼돈은 또한 새로운 발전의 서막일 수 있다. 생명이 있는 체계들에게 있어서 혼돈은 더 높은 형태의 질서를 부여해 주고 있다. 그러나 위기 이전의 질서와 위기 이후의 질서 사이의 관계는 결코 선형적이지 않다. 즉, 그것은 단순한 원인과 결과의 관계가 아니다. 두갈래치기 과정을 통한 비평형 체계들의 진화는 도약적이며 비선형적이다. 결국 두갈래치기는 경이로움으로 가득 차 있다.

자연계에서 두갈래치기의 방향을 예측하는 것은 불가능하다. 두갈래치기의 결과는 체계들의 과거 역사 혹은 그들의 환경 그 어느것에 의해서도 결정되지 않는다. 다만 그것은 극도로 불안정한 혼돈 속에서 나타나는 다소간 무작위적인 요동들의 상호작용을 통해서 결정될 뿐이다. 체계들을 뒤흔드는 요동들이 갑자기 〈핵을 이루게 nucleate〉 될 것이다. 그리고 핵을 이루는 요동이 빠른 속도로 증폭되고 체계의 나머지 부분으로 퍼져나갈 것이다. 놀랄 만큼 짧은 시간 안에 그것이 체계의 역학을 지배하게 된다. 그렇게 되면 혼돈의 자궁에서 태어난 새로운 질서는 핵을 이룬 요동의 구조적, 기능적 특징들을 반영하게 되는 것이다.

이론을 넘어서 : 두갈래치기와 사회적 변화

추상적으로 보이는 이와 같은 발견들은 오늘날 펼쳐지고 있는 구체적인 사회 변동에도 매우 적실성이 높다. 우리가 살고 있는 사회, 경제, 정치 체계들은 복합적이고 불안정하다. 조만간 이것들의 진화론적인 통로들은 두갈래치기를 해야만 한다. 자연 못지않게 우리의 세계 또한 단계 변화를 겪게 되어 있다. 체계들이 안정의 문턱에 가까이 있을 때, 즉 체계들이 거의 숨이 막혀 죽게 되었을 때에 두갈래치기는 더욱 가시적이고, 더욱 빈번하고, 그리고 더욱 극적이다. 이것이 바로 우리의 복합적인 사회들이 20세기 후반에 보여주고 있는 행동이다.

다행스럽게도 사회에서의 두갈래치기는 반드시 우연의 장난은 아니다. 결국 결정적인 두갈래치기를 창조하는 행위자들은 의식을 지닌 인간이다. 만일 인간이 인간 행동의 본질적인 과정을 안다면 그것을 조정할 수 있다. 인간은 요동들의 무작위한 상호작용을 의도적으로 〈내부에서부터〉 뒤틀 수 있다. 그들은 새로운 생활양식과 대안적인 행동 패턴을 창출하고, 적절한 기술적 혁신을 꾀

하며, 환경을 깊이 생각하는 효과적인 사회 운동이나 정치 운동을 펼칠 수 있다. 기존의 신념이나 습관 등이 무력하고 시대에 뒤떨어진 것이 되면, 보다 기능적이고 효율적인 아이디어나 행위들을 모색하게 된다. 새로운 관념과 전략들이 수없이 떠오르게 되고 그들 가운데 일부는 인기를 얻고 유행할 수도 있다. 이와 같은 〈희망찬 괴물들〉── 생물학에서 때때로 돌연변이체가 요구되듯이 ── 이 정보통신망을 통해서 빠르게 모방되고 전파되기 때문에 이것들이 우리의 미래를 결정하는 주된 요소가 될 수 있을 것이다.

사회적 두갈래치기를 보여주는 역사적인 사례는 군대, 특히 20세기의 군대이다. 제정 러시아는 내부적인 분쟁과 1917년 패전으로 안정의 문턱을 넘어설 수밖에 없었다. 체계는 붕괴되었고 〈10월 혁명〉의 혼돈으로부터 레닌 그리고 예기치 못했던 볼셰비키의 마르크스주의 체제가 출현하였다. 그리고 바로 이 체제는 1991년에 예기치 못했던 또 하나의 두갈래치기로 붕괴되고 말았다. 독일의 바이마르 공화국은 1920년대 말 체계 자체의 안정의 문턱에 도달했다. 그리고 파산한, 불만에 가득 찬 독일 사회의 혼돈은 히틀러와 국가사회주의라는 괴물을 낳았다. 1948년 중국 민족주의자들은 장개석과 지배 정당인 국민당 체제의 붕괴로 위기에 직면했고, 모택동이 권력을 장악했다. 더욱 최근에는 이와 유사한 불안정이 다른 많은 나라 중에서도 특히, 쿠바, 니콰라구아, 에티오피아, 앙골라, 이란, 구유고슬라비아, 그리고 필리핀을 뒤흔들었다. 예기치 못했던 결과들이 나타난 것을 이제는 더 이상 예외적인 경우라고 말할 수가 없게 되었다. 그것들은 예외적인 경우가 아니라 오히려 하나의 규칙이었다.

불안정 그 자체의 원인은 다음과 같이 다양하다. 먼저, 불안정은 기술적 혁신이 충분히 소화되지 못했거나 아니면 적용이 잘 안 되어서 나타난 결과일 수 있다(기술적 두갈래치기). 둘째로, 외부로부터의 군사적 정복이나 내부의 사회적·정치적 갈등에 의해서 불안정이 초래될 수 있다(갈등적 두갈래치기). 셋째로, 독버섯처럼 퍼진 위기의 영향으로 국지적인 경제적·사회적 질서가 붕괴됨에 따라서 불안정이 야기될 수 있다(경제적 두갈래치기). 하지만 그 기원이 무엇이든 간에 불안정은 사회의 모든 영역 모든 분야로 퍼져나가게 마련이다. 그렇게 되면 불안정은 급속하고 근원적인 변화로 나가는 문을 열게 되는 것이다.

비록 갈등에서 비롯되는 두갈래치기가 때때로 발생한다고 —— 그리고 대중매체의 관심을 가장 많이 끌고 있다고 —— 할지라도, 전후 시기에 사회를 뒤흔들기 시작한 그리고 금세기의 나머지 기간 동안에도 계속될 것 같은 두갈래치기의 거의 대부분은 기술적 두갈래치기와 경제적 두갈래치기가 결합된 것들이다. 이것은 저개발 상태에 있는 사회·경제적 체계들이 전세계적인 정보, 기술, 무역의 흐름 및 인적 교류가 가져온 총체적인 영향에 갑자기 노출되면서 이루어진 개방의 결과이다. 정치적으로 완전히 고립되거나 아니면 반 정도 고립된 체계들이 개방되면서, 세계화되고 있는 현대 세계의 소용돌이 속에 휘말리게 되었다. 이들은 근대화의 결실을 원하지만 그들의 노동 습관, 가치, 행위 그리고 무엇보다도 모든 제도 및 생산, 분배, 소비 패턴들이 적절하지 못하다. 사회·경제 등 모든 차원에서 변화에 따른 혼돈과 혼란은 비교적 경제 사정이 좋았던 과거 동독의 경우에도 분명하게 나타난 바 있다.

전세계적인 흐름은 기껏해야 사회의 극소수에 해당하는 엘리트 집단을 위해 봉사하고 있을 뿐이다. 소수의 특권층은 빨리 서구화되고 근대화되는 반면에, 나머지 사람들은 저개발 상태로 남게 되며 점차 좌절감을 맛보게 된다. 정치 체계가 안정적이고 정치적 리더십이 권위주의적인 한, 억압과 위선은 겉으로 보기에는 안정과 유사하다. 그러나 독재 체제가 붕괴되자마자 상황은 폭발적인 것이 된다. 좌절은 서서히 혁명으로 변하고 있는 개혁에 불을 당긴다. 사회는 혼돈에 빠지고 그 행위를 예측할 수 없게 된다.

지난 40년 동안, 이와 같은 전세계적인 흐름 속에서 촉발된 두 개의 거대한 두갈래치기가 있었다. 두 개의 거대한 물결은, 때가 늦은 감은 있지만, 모두 인본주의적인 것이었고 그 동기 또한 높이 평가할 만한 것이었다. 하지만 두 가지 모두 예기치 않았던 문제들에 봉착했으며 전혀 예측하지 못한 결과를 가져왔다. 첫번째 물결은 〈탈식민지화〉의 후견하에 전개되었으며, 두번째는 〈개방〉이라는 이름하에 전개되었다.

탈식민지화는 과거에 반 정도 고립되어 있던 전통 사회들을 근대 세계로 개방시켰다. 식민지 국민들은 그들의 식민 모국과 비대칭적인 관계를 맺고 있었다. 그리고 그들은 나머지 세계와는 철저히 격리되었다. 식민 모국은 그들 식민지가 자족할 수 있고 독립에 대한 요구를 가열시킬 수 있는 기술과 정보를 차단했다. 그러나 탈식민지화는 수문을 열어버렸다. 정보, 기술, 무역의 전세계적 흐름과 인적 교류는 아무런 준비도 없이 자유를 맞이한 사람들을 걷잡을 수 없는 분열의 소용돌이 속으로 몰고 갔다. 거의 예외 없이 그들은 분열되고 양극화되었으며, 사회·경제적 발전 경로를 따라서 사회와 경제를 안정시킬 수도 없었다. 비싼 국내 항공 요금, 번쩍거리는 리무진과 호화로운 관광 상품들 그리고 소수의 엘리트 병원과 학교들이 질곡에 빠진 마을들과 큰 대조를 보였으며 시골 인구는 가난에 찌들게 되었다. 외세와 다국적 기업들이 자신들의 이익을 챙기는 가운데 이미 시장을 장악한 기득권 계층에게만 이익이 돌아갔다. 제3세계 거의 전역에서 발전 과정이 붕괴되었다. 가난이 만연했고 부채는 치솟았다. 사하라 남부의 아프리카, 중앙 아메리카와 남아메리카, 카리브 해, 서아시아와 남아시아 지역 거의 대부분에서 이러한 일들이 벌어졌으며, 아직도 일어나고 있다. 만일 이들 지역에서 대규모의 폭동이 일어나지 않았다면, 그것은 아마도 착취와 박탈 그리고 양극화가 아직은 결정적인 문턱에 도달하지 않았기 때문이다. 즉, 아직은 두갈래치기 지점에 도달하지 않았기 때문이다. 그러나 거기에 도달하는 것은 단지 시간 문제인 것처럼 보인다.

기술적 두갈래치기와 경제적 두갈래치기가 결합되어 나타난 두 번째 물결은 고르바초프 Mikhail Gorbachev의 개방 glasnost 정책과 함께 도래했다. 탈식민지화가 제3세계를 열어놓았듯이, 개방은 사회주의 국가들의 제2세계를 제1세계가 주도했던 정보, 기술, 무역의 흐름 및 인적 교류로 끌어들였다. 제3세계보다는 폭동이 훨씬 빨리 일어나기는 했지만 그 결과는 여전히 예기치 못한 것이었다. 동부 유럽과 중부 유럽 국가의 국민들은 독재적인 일당 지배의 제약에서 벗어나자마자 스스로를 조직화하고 시위를 벌이고 폭동을 일으켰다. 폴란드와 헝가리가 이것을 주도했으며 동독과 체코슬로바키아, 루마니아, 그리고 발틱 국가들이 곧 그 뒤를 따랐다. 구소련의 나머지 위성국가들 역시 머지않아 그 뒤를 따랐다.

구소련과 동유럽을 통틀어서 개방은 개혁 perestroika을 가져왔다. 개방은 재건을 수반하는 것이었다. 그러나 동유럽에서 개혁은 폭동으로 변질되었다. 그리고 구소련에서는 이미 이전부터 개혁이 적절하게 시작되었음에도 불구하고 개혁 작업이 지체되었다. 오늘날 공산주의 경제의 전면적인 수정은 분명해졌다. 그것은 사회주의적 생산 체계와 그것을 관리하는 일당 체계의 전면적인 대체에 버금가는 대규모의 조정을 수반하는 것이었다. 바로 이것이 폴란드, 헝가리, 루마니아와 구체코슬로바키아에서 일어난 일들이며, 이들 국가에서는 다당 다원주의가 새로운 시대의 질서가 되었다. 구소련의 요동은 1990년의 쿠데타에서 극명하게 나타났다. 공산당이 종식되었고, 공산주의자, 제정주의자 그리고 파시스트들 사이의 연대가 해체되었다. 그러나 외채는 늘어가고 비대해질 대로 비대해진 채로 자원만 낭비하고 있는 비효율적인 공공 영역이 여전히 잔존하고 있기 때문에 경제는 붕괴 직전의 위기에 처해 있다.

그 결과가 무엇이든 개혁 대신에 개방이 두갈래치기를 낳고 있다. 이것은 공산주의 체계의 재건이 아니라 혼돈과 요동 그리고 불확실성의 시대의 시작이다. 베를린 장벽의 붕괴는 이러한 과정을 적절하게 상징하는 것이었다. 장벽이 무너지면서 그것이 보호하고 있던 체제도 붕괴되었다.

위와 같은 두갈래치기들은 역사적인 사실들이다. 그것들은 더 이상 되돌릴 수 없다. 그러나 이것은 문제 자체가 과거로 후퇴한다는 것을 의미하는 것은 아니다. 이미 우리의 뒤에 와 있는 두갈래치기의 결과를 관리할 필요가 있다. 그것은 결코 결정되어질 수는 없다. 그리고 다른 두갈래치기들이 이미 진행되고 있다. 다음 물결은 폐쇄적이고 이데올로기적으로 보호되고 있는 사회들이 전 세계적인 이념, 자본, 기술의 흐름과 그럴듯해 보이는 세계 시장에 갑자기 노출됨에 따라서 생겨나기보다는 오히려 현대 산업 사

회를 움직이고 있는 방식을 우리가 더 이상 유지할 수 없다는 데
서 기인하게 될 것이다.

　우리 자신을 위해서 우리는 우리에게 닥쳐올 두갈래치기를 예
측하고 그 전개 과정을 의식적으로 조정해야만 한다. 이것은 인류
에게 하나의 중대한 도전이자 책임이다. 지적한 바와 같이, 두갈래
치기에 대한 충분한 지식은 우리 시대의 본질적인 지식에 속한다.

제 4 장

세계와 미래를 보는 새로운 방식들

우리 연못에서의 삶이 위협받고 있으며 연못의 물이 요동 치기 시작했다. 현대 세계는 두갈래치기를 향하고 있다. 새로운 세계가 창조되어야 한다. 그렇다면 새로운 세계란 어떤 세계인가? 사람들은 현대 이후의 세계를 거의 규정하지 못해왔다. 단지 그것을 〈새로운〉 시대 혹은 〈후기 현대 post-modern〉라고 부르고 있을 뿐이다. 대부분의 사람들은 다음 시대가 지금과는 같지 않을 것이라는 데 동의하고 있다. 그러나 그것이 어떤 것일까에 대해서는 누구도 대답할 수 없고 답하려고 하지 않는 것처럼 보인다.

후기 현대를 규정하려는 욕망은 한 가지 중요한 문제, 즉 미래를 들여다보는 문제에 부딪치게 된다. 사람들이 현자(賢者)나 점성가, 점쟁이들의 조언을 듣는 것으로 만족할 수 있는 시대는 지나갔다. 그들이 미래를 보기 위해서 사용했던 찻잎, 점성용 천궁도, 그리고 수정 구슬은 인간의 미래에 대한 의문에 답하려고 하는 순간에 흐려지곤 한다. 사회과학자들 역시 그와 같은 과제를 기꺼이 떠맡으려 하지 않는 것처럼 보인다. 왜냐하면 사회과학의 여러 분과들은 매개 변수가 상수일 때만, 즉 그 시대 자체가 안정적일 때에만 그 추세를 읽고 추정할 수 있기 때문이다. 만일 게임의 규칙 자체가 변한다면 그것은 불가능해진다. 근본적인 변화의 시대에는 계산이 혼란스러워지게 마련이다.

혼돈과 두갈래치기의 시대에 미래를 보기 위해서는 진화론적 과학이 필요하다. 그것은 이미 형태를 갖추어가고 있다. 고전적인 수정 구슬은 뿌옇게 흐린 채로 남아 있지만, 〈비평형〉 수정 구슬은 빛나기 시작한다. 이것은 복합 체계를 다루는 새로운 과학의 도구이다. 자연과 인간의 영역에 있는 비평형 복합 체계들은 평형에서 멀리 떨어진 상태에서 진화된다. 비평형 상태에 있는 체계들은 역동적이다. 그것들은 수많은 자기 규제와 자기 구성 과정을 통해서 불안정한 구조들을 균형 있게 유지한다. 불안정하기 때문에 예측하기가 어렵다. 따라서 비평형 수정 구슬은 이미 만들어진 미래를 예견하지는 않는다. 그것은 단지 사람이 〈예측〉할 수 있는 것만을 말할 뿐이다. 비록 전부는 아닐지라도 무엇이 중요한지는 말해 줄 수 있다.

두 종류의 진화

비평형 수정 구슬을 들여다보는 것은 그만한 가치가 있다. 그럼 시작해 보자.

우선 우리는 다음과 같은 간단한 질문들을 할 수 있다. 우리는 인간의 미래를 예측할 수 있는가? 만약 그렇다면, 어떤 한계 내에서 할 수 있는가? 인간의 영역에 대한 예측 가능성의 한계는 기계적인 체계에 적용될 수 있는 것과는 다를 것이다. 태엽이 잘 감겨진 시계를 예로 들어보자. 시계 바늘은 매우 규칙적으로 움직인다. 만일 시계 바늘이 지금 어디에 있는지 안다면, 우리는 그 시계 바늘이 지금으로부터 5분, 1시간 또는 24시간 후에는 어디에 있을지 알 수 있다. 또한 그 의도와 목적이 무엇이든 간에 태양계에 있는 행성들의 운동이 규칙적이고 믿을 만한 것이라면, 행성의 운동 또한 예측할 수 있다. 그러나 역사를 통해 나타나는 인간의 〈운동〉은 그와 같은 예측이 불가능하다. 우리는 인간의 행동이 예측 가능하다는 사실을 의심할 수밖에 없을 것이다.

하지만 만일 인간의 역사 과정을 결정해 온 법칙이나 요소들이 있다면, 인간의 미래는 예측 가능할 것이다. 그러한 법칙들이 있을 수 있는가, 만일 있다면 그것은 무엇인가?

이와 관련해서 우리는 다음과 같은 두 가지를 생각해 볼 수 있다. 하나는 인간 유기체의 본질에 관한 것이고, 다른 하나는 사회의 본질에 관한 것이다. 전자의 법칙이나 요소들은 생물학적인 것이다. 따라서 만일 그것들이 결정 인자라고 한다면, 그것들은 일종의 생물학적(보다 정확하게는 유전학적) 결정론이 될 것이다. 반면에 후자는 사회학적인 것이고 따라서 이것은 사회적인, 즉 사회문화적인 결정론이 될 것이다. 이것들을 하나씩 살펴보자.

생물학적 진화

만일 생물학적 요소들이 역사 과정을 결정했다면, 그 요소들이 또한 미래를 결정할 것이다. 우리의 운명과 마찬가지로 우리 역사는 우리 종의 생물학적인 진화에 의해서 결정될 것이다. 만약 우리의 종이 변하지 않는 상태로 남아 있다면 우리의 미래도 바뀌지 않을 것이고, 만일 우리의 종이 진화한다면 우리의 미래도 달라질 것이다. 이러한 관점은 우리의 유전자 속에 암호로 기록되어 있는 정보를 인간 행위의 궁극적인 결정 인자로 간주하고 있는 유명한 학파의 사고와 일치한다. 1970년대에 하버드 대학의 생물학자인 윌슨E. O. Wilson에 의해 발달된 사회생물학은 이와 같은 견해를 뒷받침하는 매우 인상적인 증거들을 제시했다. 개인들은 그들의 총체적인 적합성을 극대화시키는 방식으로 행동하는 경향이 있다는 것이 윌슨의 기본적인 생각이다. 여기서 〈적합성〉이란 것은 재생산 능력, 즉 개개인이 다음 세대에게로 그 자신 —— 좀 더 정확히 말해서 그 자신의 유전자 —— 를 복제해 낼 수 있는가 하는 것에 의해서 측정된다. 생물학자인 도킨스 Richard Dawkins 의 견해에 따르면, 유전자들은 〈이기적〉이다. 즉, 유전자의 유일한 목적은 그 자신을 재창조하는 것이다. 따라서 인간의 육체와 인간 행위의 복합성은 이것을 성공시키기 위한 수단일 뿐이다.

만일 위와 같은 주장에 따른다면, 심지어 사회적 상호작용조차도 우리의 유전자에 의해서 결정된다는 결론에 도달하게 된다. 이렇게 본다면 사회 구조를 창조함으로써 그에 따른 여러 가지 기능을 창출하는 것과는 달리, 인간 사회는 동물이나 곤충 사회와 마찬가지로 사회 구성원들의 유전자적 자질이 표현된 것에 불과하다. 우리는 우리가 자유롭게 창조한 사회에서 살고 있다고 생각할지도 모른다. 그러나 실제로 우리는 우리 자신의 유전자 조합으로 인해 그 구조와 기능이 극도로 복잡해진 개미집과 벌집에서 살고 있을 뿐이다. 우리의 유전자는 우리를 이기적으로 만든다. 사회 구조는 개인의 이기적 목적과 이러한 목적들 가운데 많은 것들이 혼자서보다는 서로의 힘을 합칠 때 더 잘 이루어질 수 있다는 인식 사이에서 이루어진 흥정의 결과이다. 우리의 유전자는 우리를 공격적으로 만든다. 사회의 역사는 전쟁의 역사이다. 단지 주기적으로 힘을 보충하고 군대를 재편성할 필요가 있을 때에만 전쟁이 멈추었을 뿐이다. 우리의 유전자는 우리를 권력에 목마르도록 만든다. 사회의 구조는 강자가 약자를 정복하고 제약하는 것과 같이 개인들 사이의 권력 투쟁의 산물이다. 그 밖에도 인간 행위의 기본적 특성은 모두가 그것에 상응하는 사회적 특징들로 반영되고 있다.

이러한 관점에서 이끌어낼 수 있는 하나의 결론은 인간 사회가 가까운 미래에는 변할 것 같지 않다는 것이다. 사람들은 이기적이고 공격적이고 권력 지향적일 것이며, 오늘과 마찬가지로 내일도 똑같을 것이다. 전쟁과 권력 구조와 강제가 미래에도 똑같이 존재할 것이다. 인간의 유전자들은 그것들이 존재하는 방식이 있기 때문에 인간의 육체와 마찬가지로 사회 또한 그것이 존재하는 방식이 있다. 즉, 인간의 육체와 마찬가지로 사회는 현재 그대로 일 것이다. 왜냐하면 인간의 유전자가 그대로이기 때문이다. 우리의 유전자가 똑같은 채로 남아 있는 한 사회도 똑같은 채로 남아 있게 될 것이다. 달라진 미래에 대한 희망은 없다. 적어도 다음 세대 동안은 말이다. 새로운 사회를 만들기 위해서는 새로운 인간이 필요한데, 새로운 인간은 우리 종의 진화에 있어서 새로운 돌연변이를 통해서만 가능하다. 그런데 이것은 통상적으로 수천 년을 요하는 것이다.

새롭고 우월한 인간을 창조하려는 인간의 꿈은 계속되어 왔다. 니체의 초인 Übermensch, 히틀러의 우월한 게르만인 Teutonic super-man에서부터, 최근 들어 우생학을 통해 인간의 혈통을 제어하는 것과 관련된 노력들이 다 여기에 해당된다. 나치 체제는 아리안족의 혈통을 퍼뜨리면서 집시나 유태인, 슬라브인과 같이 열등한 인종이라고 간주한 종족을 제거하려고 시도했다. 중세의 종교 재판보다도 더 부끄러운 나치 수용소는 이와 같은 시도에서 나온 궁극적인 수단이었다. 최근에 구유고슬라비아에서 있었던 〈인종 청소〉의 공포는 인종의 순수함을 보존하기 위한 폭력적인 시도들의 실상을 극명하게 보여주었다.

오늘날 보다 선의의 관점에서 유전공학을 옹호하고 지지하는 사람들은 개개인의 유전자 코드를 구성하고 있는 아미노산들의 배열을 꼬아 이음으로써 〈결함이 있는〉 특징들을 제거하는 문제에 대해서 언급하고 있다. 조만간 그들은 실험실에서 유전학적으로 오늘날의 인간보다 더 우월한 종을 생산하고 싶어한다. 그들이 희망하고 있는 것은 더 우월한 지적 능력을 지니면서도 공격성, 두려움, 분노의 성향은 더 적고, 질병에 잘 감염되지 않고, 기후나 환경의 변화에 더 폭넓게 적응할 수 있는 특성을 지닌 그러한 인간 종이다.

이와 같은 전망은 가망성이 있어 보인다. 세밀한 유전자 조작과 통제된 이종 교배 그리고 새로운 혈통의 선택적 확산을 통해서 우리는 인류를 더 훌륭한 형태의 돌연변이를 만들어낼 수 있다. 우리는 초인간을 만들어낼 수 있을 것이다. 초인간의 이기적인 특성들은 유전자 코드를 조작함으로써 사교적인 특성과 균형을 이루게 되고, 공격성은 소속감에 대한 본능에 의해서 제어될 것이며, 권력에 대한 갈망은 협동에 대한 유전자적 성향에 의해서 완화될 것이다. 초인간은 오늘날의 인류보다 더 큰 두개골과 더 큰 뇌가 필요하지 않을지도 모른다. 즉, 초인간은 현재의 인류보다 두뇌를 더 많이 사용하는 것만으로도 충분할 것이다. 지적이고 사교적이며 협동적인 초인간들은 새로운 사회를 창조할 것이며 새로운 시대를 가져오게 될 것이다.

새로운 유전자, 새로운 인류, 새로운 사회 모두는 주문 생산한 것들이다. 이와 같은 관념은 매력적일 수도 있다. 그러나 매우 유감스럽게도 그것은 가망이 없는 비현실적인 것이다. 왜 그럴까?

첫째, 특수한 인성을 만들어내는 특유의 DNA 구조에 대하여 우리가 아주 막연한 관념만을 가지고 있기 때문이다. 인성을 만들어내는 것은 특정 브랜드의 식기 세척기를 만들어내는 것과는 다르다. 우리의 지식 수준은 아직 인간의 새로운 특성들을 잇달아 대량 생산하는 데에는 훨씬 미치지 못하고 있다. 게다가 어떤 특성이 적절한가 아닌가를 누가 결정할 수 있고 또한 누가 결정해야 하는 것인가?

둘째, 개개인의 인성을 창조하는 일이 능사일 수는 없기 때문이다. 우리는 또한 새롭게 나타나는 특성들을 〈정당화해야〉만 하고, 그러한 특성들을 지닌 개개인들이 그것들을 재생산하고 확산시킬 수 있다는 것을 보장해야만 한다. 사회의 정상적인 과정 속으로 철저하게 파고 들어가지 않고서는 고도로 지적이고 비공격적인 성향을 가진 〈새로운 인간〉은 곧 쓰레기통 속으로 던져지고 말 것이다. 즉, 훨씬 더 이기적이고 공격적인 표본들과의 경쟁에서 소멸되고 말 것이다. 그리고 경쟁에서 이긴 표본들은 이기적이고 공격적인 종들을 더 많이 만들어내면서 번식해 나갈 것이다.

셋째, 개개인의 인성이 개인들이 상호작용할 때에 생겨나는 질서의 성격을 결정하는 유일한 요인이 아니기 때문이다. 하나의 사회 체계는 그 구성원들의 특성들만을 단순하게 반영하는 것은 아니다. 공격적이지 않은 개인들이 평화로운 사회를 만들지 않을 수 있는 것과 마찬가지로 이기적이지 않은 개인들이 반드시 이타적인 사회를 만드는 것은 아니다. 사회성이 있는 개인들이라고 해도 여전히 조직과 경영이 서투를 수 있다. 평화로운 성향을 지닌 개인들이라고는 해도 그들이 적절하게 대처할 수 없는 매우 스트레스가 높은 상황을 만들어낼 수 있다. 새로운 체계과학에 따르면, 사회 전체는 결코 그 구성 부분들의 단순한 총합이 아니다. 사회의 특성을 그 구성원들이 지닌 특성들의 총합으로 환원시킬 수는 없다.

넷째는, 의도적인 유전자 변화라 할지라도 거기에 소요되는 시간이 적지 않기 때문이다. 5만 년의 기간은 생물학적 진화에서는 빠른 것이다. 그것은 하나의 진화론적인 〈도약〉이다. 그러나 이 기간은 인류가 실존한 전체의 기간, 즉 아프리카에서 출현해서 현재 여기에 이르는 데까지 걸린 기간의 딱 절반이다. 만일 우리가 의도적으로 개입해서 그 과정을 가속화시킬 수 있다고 가정한다고 할지라도 돌연변이 유전자가 확산되고 그것이 우리의 지배적인 특성으로 자리잡는 데는 적어도 30세대는 거쳐야 할 것이다. 이것은 대략 6000년이 걸리는 거의 순간이나 다름없는 하나의 진화론적인 도약이다. 생물학적 시간에 있어서는 6000년의 시간이 눈 깜짝할 정도의 매우 짧은 시간이지만, 우리가 지금 당면한 문제들을 해결하기에는 너무나 긴 시간이다. 이러한 현실과 부딪히게 되면 새로운 인간을 창조함으로써 미래를 창조한다는 꿈은 곧 사라져 버린다.

하지만 실망할 필요는 없다. 우리의 종을 우리가 원하는 대로 변화시킬 수 없다는 것은 중요한 문제가 아니다. 미래에 우리에게 필요한 변화는 우리의 훌륭한 초인간이 생산할 수 없는 그런 종류의 변화가 아니다. 우리는 지난 10만 년 동안 본질적으로 동일한 유전자적 개체들이었다. 그리고 우리가 직립을 하고, 턱이 작아지고, 뇌가 커지고, 더 잘 잡을 수 있는 손을 발달시킨 것 —— 그리고 잘 잡을 수 없도록 된 발 —— 을 제외하면 우리는 과거 500만 년 동안 크게 달라진 것이 없다. 유전학적으로 볼 때, 놀랍게도 우리는 고등 원숭이와 가깝고 과거에 존재했던 두발영장류 hominid의 형태와 거의 동일하다. 그런데 우리는 그중 어떤 종과도 이웃이 되려고 하지 않는다. 우리는 우리의 역사 속에서 일련의 문화적 유형들을 창출해 왔다. 고대인이 출현한 지 5000년밖에 경과하지 않았다. 중세인이 나타난 지 1000년, 근대인이 등장한 지 400년이 지났다. 그들의 유전자들이 모두 똑같음에도 불구하고 각각의 문화적 유형들은 상이한 시대를 창조했다. 왜냐하면 한 시대의 성격을 결정하는 것은 유전자가 아니기 때문이다. 인류가 물려받은 유전자는 우리의 역사를 장식했던 것보다 몇 배나 더 많은, 즉 수많은 시대와 사회를 발생시킬 수 있을 만큼 풍족하다. 유전자 구조의 돌연변이가 일어나지 않고서도 후기 현대인이 나타나게 될 것이다.

언젠가 아마도 아직까지는 먼 미래겠지만, 우리의 종이 생물학적으로 돌연변이를 하게 되는 것은 지극히 당연한 일일 것이다. 그러나 우리는 이러한 사건을 앞당기도록 노력하기보다는 더 멀어지도록 해야만 한다. 돌연변이는 위험으로 가득 차 있다. 그것이 어떠한 것이든 확실한 것은 돌연변이가 종의 생존 능력을 저하시킬 가능성이 매우 높다는 점이다. 단지 오랜 자연도태 과정을 통해서만 부적절한 돌연변이체를 제거할 수 있을 뿐이다. 돌연변이체의 생존 능력이 강화된 경우는 극히 일부에 지나지 않는다. 인간 사회에서 그러한 선택의 과정이 더 이상 자연적인 것이 될 수는 없다. 유전자 풀gene pool에서 관찰된 변화들을 유전학과 의학으로 조정하고 그것을 제도를 통해서 선택적으로 다룰 수 있을 것이다. 그러나 현재까지의 유전학의 발달 수준을 고려해 본다면, 바람직한 돌연변이들을 우리가 확실하게 선택할 수 있다고 확신할 수 없다. 유전자 풀에 인간이 손을 대는 것은, 비록 그것이 유전학적인 〈결함들〉을 제거하기 위한 것이라 할지라도, 심각한 위험을 수반할 수 있기 때문에 매우 조심스럽게 접근해야만 한다.

그러나 유전자적 돌연변이가 얼마든지 의도적으로 만들어질 수 있을 뿐만 아니라 비자발적으로 촉발될 수도 있다. 어떤 기술적인 이변이 일어날 수 있는 가능성이 있는 것과 마찬가지로 우연한 돌연변이가 일어날 수 있는 가능성도 실제로 존재한다. 우리의 몸이 방사선에 지나치게 노출되어 있고, 숨쉴 때에 오염 물질을 들이마시고 있으며, 식사를 할 때에도 많은 화학 물질들을 섭취하고 있고, 그리고 심지어는 우리의 의복에 있는 합성섬유 때문에 우리 몸의 나머지 다른 부분으로부터 하나의 유전자를 떼어내는 것이 매우 어렵게 되었다. 실험에 따르면, 방사선과 비자연적인 생활 환경으로 인해 유전자가 변화될 수 있으며 또한 실제로 이러한 일이 벌어지고 있다. 만일 유전자 변화가 현대인들의 일상 생활 환경에서 발생하게 된다면, 그 결과는 틀림없이 부정적인 것이 될 것이다. 우리는 바람직한 돌연변이를 창조하고 퍼뜨리는 방법은 모르지만, 그렇지 못한 돌연변이를 만들어낼 수 있는 가능성은 충분히 가지고 있다. 우리가 창조하는 돌연변이체가 바람직하지 못한 것이 될 가능성이 농후한 상황에서는 더욱 그러하다.

만일 우연적인 돌연변이들이 많이 발생한다면 유전자 풀은 곧 심각하게 오염될 것이다. 미래의 세대들은 결점이 있는 유전자를 가지고 태어날 것이다. 질병에 대한 저항력도 더 떨어지고, 수명은 더 짧아지고, 종의 수도 더 줄어들게 될 것이다. 마치 결함 아동들과 같은 것이다. 그 의도와 목적이 무엇이든 관계없이, 그 결과는 되돌릴 수 없게 될 것이다. 오늘날 우리보다 훨씬 더 바람직한 특성들을 지닌 돌연변이체를 우리가 만들어낼 수 없는 것처럼 우리가 잃어버린 특성들을 재생시킬 수 있는 돌연변이체를 만들 수도 없을 것이다. 결론은 명백하다. 즉, 우리는 생물학적 진화가 일어나도록 해야만 한다. 우리는 의도적으로 돌연변이를 만들려고 해서도 안 되고 우연한 돌연변이의 유령도 피해야 한다. 그러나 우리가 유전학적으로 새로운 인간을 창조할 능력이 없다는 사실에 대해서 슬퍼할 필요는 없다. 우리에게 정작 필요한 것은 생물학적으로 돌연변이한 인류가 아니라, 〈문화적〉으로 돌연변이한 인류이기 때문이다.

사회적 진화

그렇다면 사회적인 진화는 예측 가능한가? 사회가 시계 바늘처럼 결정되어 있다고 보는 사람은 거의 없다. 하지만 결정론은 그 종류도 많고 또한 그 정도에 있어서도 많은 차이가 있기 때문에 사회가 어떻게 그리고 어느 정도까지 결정될 수 있는가 하는 문제는 활발한 논쟁거리이다. 일부 철학자들이나 사회이론가들은 사회가 〈철칙〉에 의해 지배된다고 믿고 있다. 이들에 의하면, 철칙이란 과거를 결정지어 온 것같이 미래를 결정짓게 될 역사의 법칙을 말한다. 반면에, 사회에 관해서는 어떤 종류의 결정론도 그리고 어느 정도의 결정론도 적용할 수 없다고 주장하는 과학자나 사상가들도 있다. 이들의 주장에 따르면, 사회는 시계 바늘처럼 미리 결정된 궤적을 따라 움직이지 않는다. 사회는 궤적이 없으며 상황과 우연을 통해 스스로의 길을 만들어간다.

우선 결정론의 가설부터 살펴보자. 사회·문화적 진화를 결정하는 요인들이 있고 그것이 무엇인지 안다면 사회의 미래는 예측 가능하다. 철칙이나 자연적인 원리들 또는 신의 의지가 바로 그와 같은 요인이 될 수 있다. 우리는 그것들을 과학의 경험적 방식이나 신비스런 직관 혹은 종교적인 계시를 통해 알 수 있다. 중요한 것은 결정 요인들이 존재해야 하며 우리가 그것들을 알 수 있어야 한다는 것이다. 그것들을 안다면 미래를 예측할 수 있다.

이런 종류의 결정론은 우리로 하여금 숙명론적인 정신 상태를 갖게 한다. 미래는 마치 〈될 대로 되라 que sera sera〉는 팝송 가사처럼, 결정된 대로 될 것이다. 우리는 내년 혹은 다음 세기에 무슨 일이 일어날지 알고 싶어하지만, 이러한 관심은 우리의 운명을 통제하기 위한 욕구가 아닌 단순한 호기심에서 생겨나게 될 것이다. 따라서 미래를 예측하는 것은 이미 존재하는 정답을 찾기만 하면 되는 퍼즐 풀이와 같은 것이 될 것이다.

그러나 현대 과학에서는 완전하고 숙명론적인 종류의 예측 가능성이 확인된 적이 없다. 심지어는 결정론적인 과정에도 개입할 수 있을 만큼 거의 언제나 의식적이고 의도적인 행동을 할 수 있는 여지가 존재해 온 것이 사실이다. 급진적 결정론인 마르크스의 사적 유물론조차도 역사 과정에 영향을 미칠 수 있는 인간의 의도적인 행동을 허용하고 있다. 그리고 비마르크스주의적 교의들은 이것보다도 훨씬 덜 결정론적이다. 많은 과학자들은 인간이 특정한 사회의 이상을 실현하거나 아니면 이것을 일시적으로 방해할 수 있을 뿐만 아니라 어떤 종류의 사회를 만들 것인가 하는 것도 전적으로 결정할 수 있다고 주장한다. 실증주의 사회과학자들에 따르면, 역사는 결정론적인 법칙을 가지고 있지 않다. 역사는 사건들을 연속적으로 꿰어놓은 것이다. 사회는 〈만들어진〉 것이 아니라 다만 〈성장할〉 뿐이다. 그렇게 본다면 역사는 경이로움으로 가득 차 있는 것으로 이해할 수 있다. 예를 들어, 제정 러시아는 부르주아적 사회도 아니었고 역사적으로 의식이 있는 계급은커녕 프롤레타리아라고 부를 만한 집단이 없었음에도 불구하고 볼셰비키 이데올로기에 무릎을 꿇었다. 지적으로 세련된 독일 바이마르 공화국은 나치의 거의 미치광이 같은 슬로건과 교의에도 불구하고 히틀러를 탄생시켰다. 왕중의 왕임을 자처한 이란의 샤Shah는 강력한 군대와 경찰력을 장악하고 있었음에도 불구하고, 고대 이슬람 근본주의자들에 의해 쫓겨났다. 쿠바의 바티스타Battista, 필리핀의 마르코스Marcos 등도 이와 같은 일을 경험했으며, 러시아 전역과 동유럽에서도 이와 같은 일들이 반복되었다. 이것들은 우리 시대의 주요한 〈경이로움〉 중에서 단지 몇 개에 불과하다.

역사학자들과 정치가들은 이러한 사건들도 예측하지 못했고 이와 유사한 사건들도 전혀 예측하지 못했다. 실증주의자들은 우리의 시대가 경이로움의 시대라는 점을 당연한 것으로 보고 있다.

하지만 때때로 예측하지 못한 사건들이 일어난다고 해서 역사가 스스로의 법칙에 따른다는 생각을 포기할 필요는 없다. 무엇이 일어날 것인지를 엄격하게 결정하지는 않지만, 단지 개연성만을 제시하고 전반적인 추세만을 보여주는 법칙들이 존재할 수도 있다. 이러한 〈비결정론적인 법칙들 stochastic law〉*이 자연과학 분야에 알려져 있으며, 그것들은 또한 인간의 영역에서도 타당성이 있을 것이다. 비록 역사가 전개되는 방식에 완전한 결정론은 없다고 하더라도, 역사에는 여러 가지 패턴들이 있을 수 있다. 이 패턴들은 여러 가지 사건들로 이루어진 거대한 전체에 적용될 수 있다. 즉, 독특하면서도 우연적인 것처럼 보이는 개별적인 사건들로 이루어진 전반적인 추세에 이러한 패턴들이 적용될 수 있다.

역사에서의 진화론적 패턴들

그렇다면 역사의 소용돌이 속에는 어떤 종류의 패턴들이 있을 수 있는가? 그것들은 우리가 생각하는 것처럼 많지는 않다. 다음에 제시한 네 가지가 기본적인 것들이고, 그 이상의 것들은 이들 가운데 어느 하나를 더욱 발전시키고 정교하게 다듬은 것으로 보인다.
* 순환형(단조롭게 주기를 반복하는) 패턴
* 나선형(혁신적으로 주기를 그리는) 패턴
* 선형(똑바로 진보하거나 혹은 퇴보하는) 패턴
* 비선형(통계적으로 보아 진보하거나 혹은 퇴보하는) 패턴

---

* 개연성에 입각해서 사건이나 현상들이 무작위적으로 결정되는 과정과 관련된 법칙으로서, 결정론과는 다르다. 따라서 무작위적으로 결정된 일련의 관찰 결과들은 결정론에 근거한 것이 아니라 개연성이 전개되면서 파생된 요소로서 간주된다. 라즐로는 이러한 법칙이 없다면 물리학은 설자리를 잃는다고 주장한다. — 역자 주

순환형 패턴

다양한 순환형 패턴들은 기본적으로 〈영원한 재발〉이라는 신화적인 관념을 제시하고 있다. 미래는 완전히 새로운 것이 아니라 본질에 있어서 과거의 반복에 지나지 않는다. 이것은 초기 목축 사회나 농경 사회에서 변화를 이해하는 지배적인 관념이었다. 아마도 목축 사회나 농경 사회에서의 변화는 계절이 끝없이 반복되는 것에서 영감을 얻었을 것이다. 서구 지성사에서는 19세기에 니체에 의해 이와 같은 관념이 부활되었지만, 최근에는 이러한 관점을 지지하는 사람이 거의 없다.

순환형 패턴의 타당성을 주장하는 사람들은 종종 중국의 역사를 예로 든다. 중국에서는 이러한 패턴이 수천 년 동안 타당성이 있었던 것처럼 보인다. 기원전 221년에 최초의 중국 왕조가 등장한 이후, 1911년에 마지막 왕조를 무너뜨린 혁명에 이르기까지 중국 사회는 커다란 변화가 없었던 것처럼 보인다. 즉, 동일한 패턴을 계속해서 반복해 왔다. 강력한 왕조가 등장해서 사회적·정치적 통합을 이룬 다음에는 외부의 침략이나 내부의 반란으로 인해 왕조가 붕괴되었다. 또다른 왕조가 권력을 장악하여 분열된 집단들을 하나의 통합체 안으로 끌어들임으로써 해체의 시대가 종식되고 새로운 통합이 이루어졌다.

역사에 대한 순환론적인 접근이 가능하기 위해서는 환경의 안정이 확보되어야 한다. 즉, 사회적, 정치적, 기술적, 경제적, 풍토적, 생태학적, 인간적인 환경의 안정이다. 이와 같은 역사관이 적용된 몇몇 경우에는 전체적인 환경이 비교적 불변하고 실제로 정적인 것처럼 보일 수 있다. 그러나 그와 같은 안전성이 고대 중국과 같은 곳에서는 존재했다 하더라도 분명 현대에는 존재하지 않는다. 인간의 활동과 상호작용이 지닌 다양성과 풍부함은 역사의 반복을 어렵게 하고 있다. 역사를 망각하는 자는 그것을 그대로 반복할 운명에 처한다는 쇼펜하우어 Schopenhauer의 유명한 경구가 경계적 가치 cautionary validity를 지니고 있다 할지라도, 우리의 경험에 따르자면 상이한 환경 속에 있는 상이한 사람들은 상이한 방식으로 반응하고 행위하기 마련이다. 러시아와 동구에서 일어난 사건들이 입증하듯이, 심지어 정치가들조차도 조간 신문의 헤드라인을 보고 계속해서 놀라고 있다.

나선형 패턴

주기적인 패턴이 최근에 더욱 정교하게 다듬어지면서 이제는 더 이상 과거의 사건들이 엄격하게 반복된다는 생각은 거의 하지 않게 되었다. 일부 역사가들은 사건의 일반적인 순서가 반복될 수는 있지만, 그것은 하나의 새로운 형태를 통해서 이루어진다고 주장한다. 이와 같은 관념은 〈역사의 대주기 great cycles of history〉 이론에 기초가 되고 있다. 이와 같은 이론을 지지하는 가장 대표적인 인물은 르네상스 시대의 법률가이자 철학자인 비코 Giovanni Vico, 19세기 역사학자 슈팽글러 Oswald Spengler, 20세기의 토인비 Arnold Toynbee 등이다.

비코는 1725년 그의 대저작인 『신과학 The New Science』에서 모든 문화는 〈코르소 corso〉라고 불리는 기본적 사이클을 따른다는 관념을 제시하였다. 문화는 그 사이클 내에서 특정한 시대가 요구하는 필요와 욕구에 반응하면서 발전한다. 다른 문화, 국가, 사회로부터 어떤 사상, 제도, 가치 등을 빌려온다 할지라도 자신의 특수한 사이클에서 필요로 하는 것만을 가져온다. 이러한 사이클의

92

주요한 단계를 비코는 영웅적인 단계, 종교적인 단계 그리고 철학적인 — 혹은 과학적인 — 단계로 명명하고 있다. 세번째 최고 단계 다음에는 항상 쇠퇴와 조락의 시기가 나타나고, 그렇게 되면 다른 문화의 틀 속에서 새로운 사이클이 시작된다. 모든 사이클은 시민적 책임을 등한시한 채 자신의 이익만을 추구하며 쾌락을 쫓는 데 만 몰두하는 개인들 때문에 끝이 나는 것이 일반적이다. 따라서 신과학을 통해서 스스로가 자유로워지지 않는다면, 그들의 코르소가 다해서 문화는 붕괴되고 마는 것이다.

그 자체의 자연적인 사이클이 끝나면 사회가 해체된다는 명제는 슈팽글러의 『서구의 몰락 *The Decline of the West, 1918-1922*』에서 다시금 제기되었다. 니체의 사상에 크게 영향을 받은 슈팽글러는 문화란 개인과 마찬가지로 자체의 생명 사이클이 있다고 주장하였다. 문화는 탄생, 성장, 성숙, 쇠퇴의 단계를 밟아간다. 그는 문화에 대한 비교 연구인 〈역사 형태학 morphology of history〉을 기술하려는 야심을 가지고 있었다. 슈팽글러가 서술한 문화는 이집트, 인도, 바빌론, 중국, 전통적인 고대, 이슬람, 서구, 그리고 멕시코 문화이다. 슈팽글러에 따르면, 이러한 강력한 문화들은 각기 자신의 사이클을 밟아가면서 인류에 흔적을 남긴다. 사이클의 마지막 단계에서 문화는 하나의 〈문명〉을 낳는다. 문명의 탄생은 이전의 성장 과정에서 나오는 하나의 결론이다. 슈팽글러 자신의 시대에 서구가 그랬던 것처럼 문명을 낳은 후 문화는 쇠퇴의 길로 들어선다.

슈팽글러의 사상은 역사 편찬의 대가 가운데 한 사람인 토인비에게 영향을 끼쳤다. 그가 회고하듯이, 1920년에 슈팽글러의 『서구의 몰락』을 읽은 토인비는 다양한 문명들이 제각기 자체의 사이클을 따른다는 관념에 깊은 감명을 받았다. 토인비는 고대 그리스·로마 역사와 현대 유럽의 역사 사이에서 의미 있는 유사성을 발견했다. 즉, 토인비에게는 제1차 세계 대전이 펠로폰네소스 전쟁이나 포에니 전쟁의 반복처럼 보였다.『역사의 연구 *A Study of History, 1934-1954*』에서 그는 이와 같은 유사성을 〈비극적인 패턴〉이라고 불리는 보편적인 문명 사이클 관념으로 확대시켰다. 그는 비극적인 패턴의 거대한 구도를 약 30여 개의 문명에 적용했다. 그리고 문명이 어떻게 성장해서 붕괴하는가를 보여주는 13개의 개념에 입각해서 이들 문명들을 묘사하였다.

이와 같은 역사관이 지닌 난점은 시대들을 자의적으로 구분해서 역사를 예측한다는 데 있다. 한 시대가 열리고 발전하고 그리고 특정한 사건을 통해 특정한 시기에 특정한 장소에서 한 시대가 막을 내린다는 것이다. 그러나 이러한 관념은 생물학적인 세포를 영양분을 유입하고 쓰레기를 배출하는 초기의 고립된 실체로서 보는 견해만큼이나 시대에 뒤떨어진 것이 되었다. 생명을 지닌 유기체들은 그들의 환경에 통합되어 있어서, 유기체와 그것에 인접한 것 혹은 유기체와 그 환경 사이의 경계들이 잘 구분되지 않고 쉽게 변할 수 있다. 즉, 경계는 실험실에서 자의적으로 고안해낸 것에 불과하다. 이와 흡사하게, 사람들 사이의 경계 그리고 역사적인 시대들 사이의 경계는 선언, 조약, 혹은 누군가의 지도에 표시한 국경선 등에 의해서 결정되어질 수 있는 것이 아니다. 주기적인 역사관의 근본적인 전제는 하나의 신화에 지나지 않는다. 전쟁, 조약, 혹은 선언이 있은 다음날에 가까이에 있는 모든 사람들이 달라지고 그리고 새로운 체제에 완전히 적응한다는 것은 하나의 신화일 뿐이다. 실제로 1950년대에 광범위하게 벌어졌던 논쟁에서 토인비의 주기적인 역사관은 인정을 받지 못했다. 그보다 30년 전에 이미 슈팽글러가 제시한 문화적 생명 사이클에 관한 관념 역시 마찬가지였다. 비록 점점 더 많은 역사가들이 역사적인 사건들의 명백한 과정 밑에 놓여져 있는 반복된 패턴들을 찾고 있다고는 하지만 오늘날 주기적인 관점에서 역사를 해석하는 역사가들은 거의 없다.

선형 패턴

역사가 선형적으로 진보한다는 생각은 현대의 가장 지배적인 관념이다. 혼잡한 사건들 밑에 깔려 있는 어떤 뚜렷한 방향, 즉 진보를 인식하기 위해서는 현재와는 확연히 다른 먼 과거에 대한 지식이나 아니면 쉽게 느낄 수 있을 만큼 빠른 변화가 있어야 한다. 오늘날 우리는 위의 두 가지 모두를 가지고 있지만 전통 사회에서는 그 어느것도 가지고 있지 못했다. 그들은 상황이 되돌릴 수 없는 비가역적인 방식으로 변화할 것이라는 것을 좀처럼 인식할 수 없었다. 심지어는 중세 시대 동안에도 역사의 진보는 있을 법하지 않은 것처럼 보였다. 그리고 만일 그러한 진보가 있다 하더라도 그것은 저주보다는 오히려 구원을 향해 나아가는 개인적 운명과 연계된 것이었을 뿐이다. 그러나 현대 과학이 유대-기독교 교리로부터 해방되고 현대 기술을 탄생시키면서 진보에 대한 관념이 대중의 의식 속으로 파고들어갔다. 초기 산업혁명이 가져온 기술적 진보들은 큰 행복감을 고취시켰다. 그리고 역사적 진보가 선형적이라는 관념, 즉 그것이 연속적이고 매끄럽고 확실하다는 생각이 확고하게 자리잡은 듯했다.

이러한 관념은 1795년에 이미 콩도르세 후작 Marquis de Condorcet에 의해 예견되었다. 『인류의 지적 진보에 관한 초고 *Sketch of the intellectual progress of mankind*』에서 프랑스 귀족주의자인 콩도르세는 인간 종의 진보에 기여한 모든 원인들을 영구히 보존하고 그 범위를 계속 증가시켜야 한다고 주장하였다. 문명은 언제나 바람직한 방향으로 움직여왔고 앞으로도 그런 방향으로 나갈 것이다. 그리고 19세기 중반에 다윈의 『종의 기원 *Origin of Species*』이 나왔을 때 이와 같은 종류의 낙관주의가 한층 강화되었다. 콩도르세의 비전이 〈과학적으로〉 증명된 것이다. 진보는 바람직하고 진실되며 영원하고 불가피한 것으로 높이 받들어졌다. 기술은 한 해가 다르게 생활 환경을 개선시켰고 삶의 질이 개선됨으로써 인간들의 삶의 질이 또한 향상될 것처럼 보였다.

기술로 인해 고취된 선형적인 진보에 대한 관념은 현대 사회에 철저하게 스며들게 되었다. 그러나 이러한 생각은 전후 시대에 와서 크게 흔들리게 되었다. 원자 폭탄의 개발, 스리 마일 아일랜드 Three Mile Island*와 체르노빌 Chernobyl* 사건처럼 과학 기술이 가져온 대재앙의 발생, 그리고 산성비, 도시 공해, 기름 유출, 오존층 파괴 등과 같은 환경에 대한 부정적 영향들로 인해 진보에 대한 신념이 약화되었다. 최근 몇 년 동안에는 선형적 퇴보라는 상반되는 틀로서 역사를 이해하려는 경향이 증대되고 있다. 젊은 세대와 지식인들은 종종 과학 기술에 의해 고무된 묵시적인 비관

---

* 펜실베이니아 미들타운 근처, 서스퀜나 강 Susquehanna River에 있는 섬. 1979년 원자력 발전소에서 발생한 거의 재앙에 가까운 사고로 전세계적으로 원자력의 안전 문제에 대한 논쟁을 불러일으킨 사건 — 역자 주
** 구소련 우크라이나의 한 도시로, 1986년 이 지역에서 발생한 원자력 발전소 사고로 유럽 전역은 물론 전세계적으로 원자력의 안전 문제와 관련 엄청난 파장을 불러일으킨 사건 — 역자 주

론에 대해서 솔직히 털어놓기도 한다. 우리는 지금 환경을 고갈시키고 있고, 도시 인구는 포화 상태에 도달하고 있으며, 군비 경쟁도 중단시키지 못하고 있다. 에이즈나 다른 전염병에 희생될지도 모른다. 연못의 수련이 우리의 머리 위를 완전히 덮어버리게 될 것이다.

선형적인 진보나 퇴보에 대한 기본적인 관념은 또한 영적인 영역에서도 나타나고 있다. 퇴보는 인류의 현재 상태를 과거 황금 시대로부터의 타락의 결과로 소급해서 규명하고 있는 모든 교의에서 표현되고 있다. 기독교에서는 인간을 원죄를 짓고 타락한, 낙원으로부터 추방된 존재로 묘사하고 있다. 그러나 예수회 수도사로서 생물학자이며 신학자인 샤딘 Pierre Teilhard de Chardin은 기독교 교리와 생물학적 진화론을 선형적인 낙관적 견해로 결합시켰다. 그에 따르면, 진화는 영적인 진화 그리고 심지어는 육체적인 진화를 점점 더 높은 단계로 이끌게 되어 있다. 인류의 진화는 〈수렴〉이나 혹은 〈총체화〉의 과정 때문에 일어난다. 그것은 제한된 지구상에서 점점 늘어나고 있는 사람들과 유기체 가운데서 점차적으로 확고하고 긴밀한 관계를 형성함으로써 생겨나는 일종의 압축이다. 궁극적으로 우리는 지구라는 모체 주위에 생활권 Noosphere을 형성하게 될 것이다. 이것은 자신을 둘러싸면서 지구와 공존하고 있는 유일한 유기적 단일체이다.

역사 발전에 관한 선형적인 관점에서 우리는 천국과 같은 유토피아로 통하는 미래로의 역사를 추정할 수 있고 반대로 화염에 휩싸인 지옥과 같은 종말, 즉 디스토피아로 통하는 미래 또한 추정할 수 있다. 어떤 미래가 진실인가? 사실 둘 다일 수도 있고 둘 다 아닐 수도 있다. 세계가 어떤 미래를 향하고 있는지는 바로 그

전날에조차도 알 수 없을 것이다. 세계가 대재앙으로 끝이 나기 하루 전에 세계는 좀처럼 볼 수 없었던 가장 목가적인 날이 될 수 있다. 햇빛이 우리의 연못에서 영원히 사라지기 전날의 연못은 여전히 희망에 찬 것처럼 보일 수 있다. 결과적으로, 미래로 향하는 길을 하나의 선형적인 과정으로서 보는 것은 의미가 없다.

비선형 패턴

역사 발전에 대한 비선형적 관념은 최근의 지적인 풍토에서 발전되었다. 어떤 일정한 방향으로 향하고는 있지만 도약과 갑작스런 퇴보가 산재되어 있는 것으로서 역사 발전을 보는 관념은 동양의 신화와 철학에서뿐만 아니라 서양에서도 발견되고 있다. 하지만 자연과 역사의 모든 영역에서 비선형적 변화를 진화의 근본적 특징으로서 인식하게 된 것은 1970-1980년대에 비평형 체계의 진화론적 과학이 출현하면서부터이다.

그 기본적인 아이디어는 이미 반세기 훨씬 이전에 철학자인 화이트헤드 Alfred North Whitehead에 의해 예견되었다. 그는 1933년에 『이념의 모험 *Adventure of Ideas*』에서 〈미래는 위험하다, 문명의 거대한 진보는 그 진보가 일어난 사회들을 다만 파괴하는 과정일 뿐이다〉라고 기술하고 있다. 그러나 화이트헤드는 위기에 내재된 진보의 본질을 설명할 수는 없었다. 단지 그가 말할 수 있었던 것은, 비록 우리가 역사적 통찰력이라고 불리는 직관적 예감을 지니고 있다고 할지라도, 지금부터 1년 후의 미래만이라도 예측할 수 있는 과학적 법칙들을 우리는 충분히 알지 못한다는 것이다. 그러나 최근 60여 년 동안, 과학적 법칙에 대한 우리의 지식이 크게 진보했고 그래서 지금은 역사적 발전의 도약과 그 한계에 대해서 과거보다 더 잘 이해하고 있다.

복합적 체계들을 다루고 있는 새로운 과학의 틀에서 볼 때, 생물학적 종들이나 생태계와 마찬가지로 인간 사회는 생활권의 끊임없는 에너지 흐름에서 발생하고 있는 매우 다양한 비평형 체계들이다. 그것들은 다양한 두갈래치기들을 통해서 진화한다. 두갈래치기는 오랜 안정의 시기를 흩뜨려버리고 정상으로 이끌기도 하고 계곡으로 떨어뜨리기도 하며, 불안정한 시대의 무작위한 요동 같은 것들을 만들어내기도 한다. 앞으로 보게 되겠지만, 이러한 과정들 밑에는 일반적인 방향성이 존재한다. 즉, 초기의 선사 시대로부터 지금 우리의 시대를 거쳐서 전개되고 있고, 또한 계속해서 미래로 펼쳐지게 될 장기적인 추세가 존재하고 있다.

진화론적 과정은 확실히 비선형적으로 전개된다. 거기에는 수많은 요동과 반전 그리고 많은 침체의 시기들이 있다. 전쟁 그리고 사회적, 정치적, 기술적 혁명 등과 같은 주요한 요동들은 사회를 뒤흔들고 궁극적으로 불안정하게 만든다. 정부가 붕괴되고 법과 질서 체계가 전복되며 새로운 운동들과 신념들이 부상하게 되면서 하나의 계기를 획득하게 되었다. 새로운 질서가 형태를 갖출 때에는 혼돈의 시기가 존재한다. 그러나 새로운 질서가 분명히 생겨난다. 역사는 석기 시대부터 현대에 이르는 그리고 현대를 넘어서는 들쭉날쭉한 역사 과정을 밟아나가는 것이다.

미래 엿보기

어떤 과정 속에 있는 패턴들을 인식할 경우에는 이를 통해 다른 것을 추정할 수 있는 가능성이 존재한다. 패턴의 본질이 무엇이든 간에 그것은 미래가 어떻게 전개될 것인가를 파악할 수 있는 기회를 제공해 준다. 이와 같은 사실은 앞에서 살펴본 역사 발전의 다양한 패턴들의 경우에도 마찬가지이다. 그러한 패턴들은 모두 현대 이후가 어떻게 될 것인가에 대해서 우리에게 시사해 주는 바가 있을 것이다.

물론 순환형 패턴의 경우, 미래가 근본적으로 새로운 것이 되지는 않는다. 그것은 단지 과거의 반복이다. 그러나 나선형 패턴에 따르면, 반복되는 가운데 새로운 것이 생겨난다. 미래의 사이클이 어떻게 될지는 애매하지만 모든 사이클은 주어진 축을 따라서 사회를 움직인다.

선형 패턴이 함축하고 있는 바는 보다 결정적이다. 그것은 철저하게 낙관적이거나 비관적이거나 하는 둘 중의 어느 하나이다. 만일 역사가 앞으로 진보한다면 미래는 하나의 유토피아가 될 것이고, 만일 퇴보한다면 우리의 운명은 디스토피아와 같을 것이다.

비선형 패턴으로부터 미래를 추정하는 것은 간단하지 않다. 최근에 새롭게 등장한 과학 분야에 따르면, 복합적 비평형 체계들은 비록 그것들이 갑작스런 분출과 빈번한 놀라움을 보여주기는 하지만 분명한 방향을 향해서 진화한다. 규모가 더욱 커지고 복잡해지며, 고도의 그리고 매우 다양한 수준의 조직화가 이루어지며, 더 큰 역동성을 획득하고, 환경과 좀더 긴밀한 상호작용을 하는 사회를 향해서 진화해 나가는 것이 전반적인 추세이다. 비평형 수정 구슬에 따르면, 이것은 후기 현대 사회가 전지구적으로 통합되고 기술적으로 진보할 것이라는 사실을 의미한다. 인류의 환경이 다양한 수준으로 조직화될 것이다. 이것은 마을의 농민 대중, 농경 공동체, 도시 이웃에서부터 군(郡), 구(區), 시(市), 도(道), 민족국가와 연방국가를 포함해 멀리는 전체 지구 공동체에 이르는 다양한 수준에서의 조직화를 의미한다. 각각의 조직 수준은 다른 모든 조직 수준들과 조화를 이루게 될 것이다. 그리고 전지구적으로 통합된 인류 사회의 네트워크는 또한 전지구적으로 통합된 생활권 체계와 통합될 것이다.

인류의 다음 세대는 중대한 진화론적 도약을 이룰 수 있을 것이다. 여기에는 재미있는 사실이 하나 있다. 지구의 인구가 매직 넘버인 100억에 근접해 가고 있다. 이것은 세계 인구의 성장이 결국 멈출 때까지 지구상에 살 수 있는 사람 수를 의미한다. 100억이라는 숫자는 주요한 진화론적 도약들과 밀접하게 연계되어 있다. 하나의 살아 있는 세포를 만들기 위해서는 약 100억 개의 원자가 필요하며 약 100억 개의 세포들이 모여 자율적인 다세포 유기체 하나를 만들게 된다. 또한 인간 뇌의 신피질에서 의식이 생겨나기 위해서는 100억 개의 뉴런이 필요하다. 이러한 문턱에 도달했을 때에 물리적·화학적 과정들로부터 생물이 출현하고 생명체에서 의식이 생겨난다면, 의식을 지닌 무수한 존재들이 사회 내로 통합될 때에 또한 의미심장한 새로움이 생길 수 있을 것이다.

물론 숫자는 단지 양적인 변수이기 때문에 실제로 진화론적 돌파구가 생겨날 수 있는 필요충분한 조건은 아니다. 100억 개의 원자가 혼합된 덩어리가 살아 있는 세포 하나를 창조할 수 없는 것과 마찬가지로 100억 개의 세포 덩어리가 하나의 유기체나 혹은 하나의 의식을 가진 뇌를 창조할 수는 없다. 거기에는 구성 요소들 사이의 정확한 연결, 사이클 내부의 사이클, 환류 feedback와 전류 feedforward, 그리고 전체 수준에서의 일관된 통합이 있어야만 한다. 그렇게 될 때에만 원자와 분자들로 이루어진 하나의 체계에서 세포를 지닌 생명이 출현할 수 있고, 생명이 있는 세포들로 구성된 하나의 체계에서 자율적인 생명체와 의식이 발생할 수 있다.

자연에서 새롭게 진화된 수준으로의 도약을 가져오는 그와 같은 종류의 사이클과 환류가 이 지구상에 있는 인간들에게도 또한 발생할 수 있는 가능성이 있는가? 이러한 가능성은 상당히 높은 것처럼 보인다. 우리가 보았듯이 양적이고 외연적인 성장이 이제는 둔화되고 있으며 그 대신에 질적이고 집약적인 성장, 즉 구조화와 복잡화를 향해 나가고 있는 것처럼 보인다. 결과적으로 더 많은 사람, 에너지, 물질뿐만 아니라 훨씬 더 많은 정보들이 우리의 사회 체계 속으로 투입되고 있다. 그리고 정보는 단순히 한 덩어리로 뭉쳐지는 것이 아니라 정보가 유입되고 있는 체계를 항상 구조화한다. 만일 이와 같은 과정이 계속된다면, 자궁 속에 있는 태아의 성장에서 전형적으로 볼 수 있는 일종의 발달 리듬이 전체 인간의 수준에서 재현될 것이다.

태아의 뇌의 발생은 그것이 이루어지는 정확성 그리고 그것이 세계 체계의 발달에 대한 유추를 제공하고 있다는 두 가지 점에서 매우 주목할 만하다. 뇌세포의 성장은 대략 임신 8주부터 가속화되어 임신 10주까지는 그 속도가 급격히 빨라진다. 매 순간마다 수많은 세포들이 태아의 뇌에 더해진다. 그리고 13주에는 외연적인 성장이 멈추고 발달이 내부로 진행된다. 뇌세포의 숫자가 늘어나는 대신에 세포들이 서로 연결되면서 태아의 뇌가 성장한다. 이것은 시간 문제이다. 달이 차면서 약 5천만 년에 걸친 진화의 결과로 얻어진 인류의 복잡한 뇌 구조가 정확하게 재구성된다.

이와 유사한 과정이 인류 전체의 수준에서 발생할 가능성을 쉽게 배제할 수는 없다. 현대인들은 이미 도시와 농촌, 공공 제도와 사적 기업, 직업 조합과 결사체, 사회 클럽과 문화 조직 그리고 그 밖의 무수한 집단 등과 같은 복합적인 구조 속으로 조직화되었다. 이와 같은 구조들은 다양한 사이클과 환류를 통해서 서로 연결되어 있으며 그것들 사이의 상호작용은 지수 함수적으로 계속해서 성장하고 있다. 문자를 쓰기 시작한 지 1만 년이 지났고 인쇄술은 약 500년 전에 시작되었다. 전보와 전화는 19세기의 산물이며, 라디오는 20세기에 등장했다. 정보와 통신을 위해 컴퓨터를 광범위하게 사용하기 시작한 것은 불과 1960년대부터이며, 전자우편이나 텔레팩스는 훨씬 더 최근의 일이다. 현재 컴퓨터 통신망의 숫자는 불과 몇 년 사이에 2배씩 증가하고 있다. 그리고 라디오, 텔레비전, 텔렉스와 팩스가 지구촌 구석구석으로 파고들고 있다. 세계 인구는 외연적인 측면, 집약적인 측면 등 모든 면에서 점점 상호 연계되어 가고 있다.

하나의 새로운 진화론적 현상이 금방 일어나든 그렇지 않든 인간들 사이의 상호 연결이 급속하게 증가하고 있는 것을 볼 때 다음과 같은 의문이 생길 수 있다. 즉, 인간들 사이의 급속한 연결이 이루어짐에 따라 인류는 마치 세계 초뇌 world superbrain와 같은 것을 만들어내고 인간들은 그 속에서 단지 정보만을 전달하는 뉴런과 같은 존재가 되는 것은 아닌가?

물론 피터 러셀 Peter Russell은 〈지구적 뇌 global brain〉라는 개념을 통해 그와 같은 가능성을 매력적이면서도 섬뜩하게 묘사하고 있다. 또한 샤딘은 그가 생각한 생활권의 진화라는 측면에서 이것을 더욱 영적인 형태로 분명히 보여주고 있다. 그러나 이러한 가능성만이 유일한 것은 아니다. 만일 우리가 개인의 자유와 자율성을 희생시켜 가면서 우리를 상호 연계시키고 있는 사이클과 환류들이 진화하도록 내버려둔다면, 이와 같은 일이 일어날 것이다.

하지만 다행스럽게도 우리는 우리를 노예로 전락시키는 그와 같은 추세에서 벗어나 민주적인 사회 체계에서 개인과 공동체들이 자발적으로 협력하는 보다 유연한 길을 선택할 수 있을 만큼 충분히 진화되어 있고 또한 그럴 만한 충분한 의식을 가지고 있다. 결국 우리는 참여적이고 인간적인, 점성술가들이 말하는, 이른바 〈해양 시대 Aguarian Age〉*로 들어가고 있는 것이다. 우리는 여기에 들어가기 위해 2천 년이 넘는 오랜 시간 동안 훈련을 받아 왔고 지금도 계속되고 있다.

이와 같은 비전은 예언이 아니다. 비평형 수정 구슬은 어떻게 될 것인가를 예언하는 것이 아니라, 단지 어떻게 〈될 것 같은가〉를 말해 줄 뿐이다. 사회 진화의 법칙은 결정론적인 것이 아니다. 그것은 놀라움에 개방되어 있다. 과거가 진행되어 온 것과 같이 미래는 극적인 반전과 일탈들로 에워싸일 것이다. 그 가운데 어떤 것들은 위험할 수도 있다. 만일 다음에 펼쳐질 극적인 반전들이 핵전쟁이나 돌이킬 수 없는 환경의 파괴를 포함한다면, 어떤 미래도 있을 수 없다. 우리 연못은 살 수 없는 곳이 될 것이다. 그러나 그와 같은 최후의 파국조차도 지금까지 알려진 진화의 과정들과 모순되지는 않을 것이다. 생물학적 진화 역시 이미 진화된 체계들 가운데 일부를 항상 소멸시키고 있다. 실제로 지구상에 출현했던 생물학적 종들 가운데 거의 99%가 지금은 멸종되었다. 그리고 역

---

* 지구상에 영성이 증대되고 조화를 가져온다고 믿는 천문학적인 시대 — 역자 주

104

사 속에서 특수한 문화를 향유했던 집단과 사회들 가운데 거의 대부분이 또한 사라져버렸다.

다만 새로운 것이 있다면 그것은 미래에 있을 대변동의 범위와 기간이다. 이것은 유기적 종들, 생태계 또는 사회 문화적인 인간 집단 등과 같은 한 형태의 체계와 관련되는 것이기보다는 오히려 모든 인류 모든 생물권과 관련이 있을 것이다. 그리고 이것은 몇 세기 동안이 아니라 이루 헤아릴 수 없을 만큼 수천 년 동안 지속될 것이다.

복합성을 다루는 새로운 과학에 의해 밝혀진 사실을 토대로 지금 우리는 후기 현대를 보다 더 구체적으로 규정할 수 있을 것이다. 우리의 시대는 통합되지만 다양화되고, 동적이면서 복합적인 그리고 농민 대중에서부터 세계에 이르기까지 수많은 수준으로 조직화된 전지구적인 사회가 될 것이다. 그러나 실제로 그렇게 되든 그렇지 않든 관계없이 무엇인가 다른 단서를 덧붙여야만 한다.

마지막 단서는 불만스러운 것일 수 있다. 그러나 잠깐만 생각해 보면 비선형적인 사고가 여전히 다른 대안들보다 더 행복하다는 것을 알 수 있을 것이다. 만일 이미 결정된 운명이 있다는 생각에 우리가 안주하지 않는다면, 이와 같은 시나리오가 결정론적인 역사의 전개보다 인간의 행동에 더 많은 자유를 부여하고 있다는 사실에 기뻐하게 될 것이다. 만일 우리가 무모할 정도로 모험적이지 않다면, 우리는 이와 같은 시나리오가 실증주의자들이 말하는 역사적인 사건들의 완전 무작위적인 연속보다도 더욱 예측 가능하다는 사실에 흡족해할 것이다. 그리고 만일 우리가 새로움을 두려워하지 않는다면, 우리는 이 시나리오가 과거 현상들을 단순히 주기적으로 되풀이하는 것보다 더욱 흥미롭다는 사실도 발견하게 될 것이다.

후기 현대의 전지구적인 사회라는 것이 실제로 가능할 것인가에 대한 보장은 없다. 그러나 바로 이 사실 때문에 우리의 지혜와 행동을 모아나가야 하는 이유가 있는 것이다. 결국 그와 같은 사회를 가능하게 하는 것은 우리에게 달려 있는 것이다.

제 5 장

혼돈의 나비들 : 제3의 전략 착수

다른 시대들과 마찬가지로 인류의 다음 시대도 혼돈의 창조적 자궁에서 탄생하게 될 것이다. 복합적 체계들의 진화론적 변환과 마찬가지로 그것은 〈나비 효과 butterfly effect〉의 산물이 될 것이다.

나비 효과란 무엇인가? 나비 효과는 1960년대에 미국의 기상학자인 로렌츠 Edward Lorenz가 당시에 사용할 수 있던 가장 큰 컴퓨터 한 대로 세계 기상의 모형을 만드는 과정에서 처음으로 발견했다. 그는 지구의 기상 체계가 영원한 혼돈 상태에 있다는 사실을 알게 되었다. 이것은 기상 체계가 어떻게 전개될 것인지 예측하는 일은 불가능하다는 것을 의미한다. 즉, 기상 체계의 궤적은 아주 미세한 변화에도 민감하다는 것이다. 어느 곳에서든 작은 변화가 생기게 되면, 세계 기상은 펼쳐진 〈나비 날개〉(이른바, 혼돈적 유인자 chaotic attractor)의 한쪽으로부터 다른 쪽으로 두갈래치기를 한다. 이것은 예측 불가능하다(그림 5와 6).

기상학자들은 내일의 날씨를 예측하려고 할 때마다 매일같이

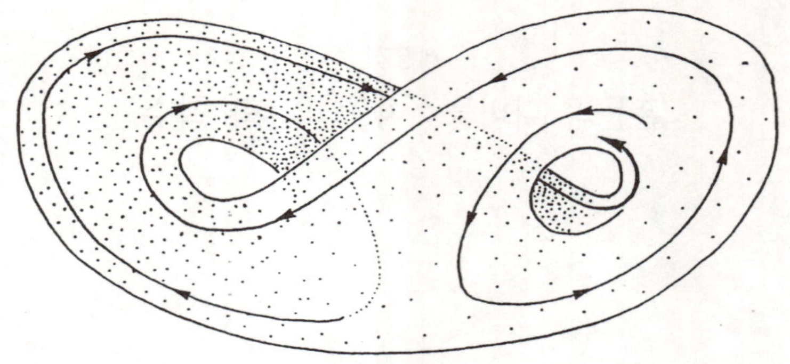

그림 5 로렌츠가 제시한 대기 중의 공기 흐름에 관한 최초 모델. 유인자들은 결정된 것들이지만, 그것들 내에 있는 궤적의 미래를 관찰자들이 예측하는 것은 불가능하다. 사실상, 그 궤적이 너무 불규칙하기 때문에 로렌츠는 이 모델을 가지고 기상을 예측하는 것을 포기했다. 예측불가능성은 혼돈적 유인자들이 만들어내는 궤적들의 공통된 특징이다.

근거가 불확실한 과업에 직면하게 된다. 단기 기상 예보는 종종 적중하는 경우가 있지만 장기 예보의 경우는 그렇지 않다. 혼돈 이론에 따르면, 장기 기상 예보가 자주 틀리게 되는 데에는 충분한 이유가 있다. 왜냐하면 혼돈 상황 속에서는 한 체계의 진화를 예측하는 것이 거의 불가능하기 때문이다. 미래를 추정하는 것은 그 기간이 길면 길수록 더욱더 불확실해진다. 이러한 난관을 극복하기 위해 애쓰는 동안에 기상학자들과 혼돈이론가들은 나비 효과라는 독창적인(고대 동양적 관념에 기초한) 해석에 이르게 되었다. 그들의 견해에 따르면, 나비 효과는 캘리포니아에 있는 왕나비가 예기치 않게 날개를 퍼덕거림에 따라 나타나는 결과이다. 즉, 날개짓으로 인한 대기의 난류가 일련의 총체적인 두갈래치기를 생성해 내는 것이다. 그렇게 되면 다음주의 외몽고 날씨는 전

108

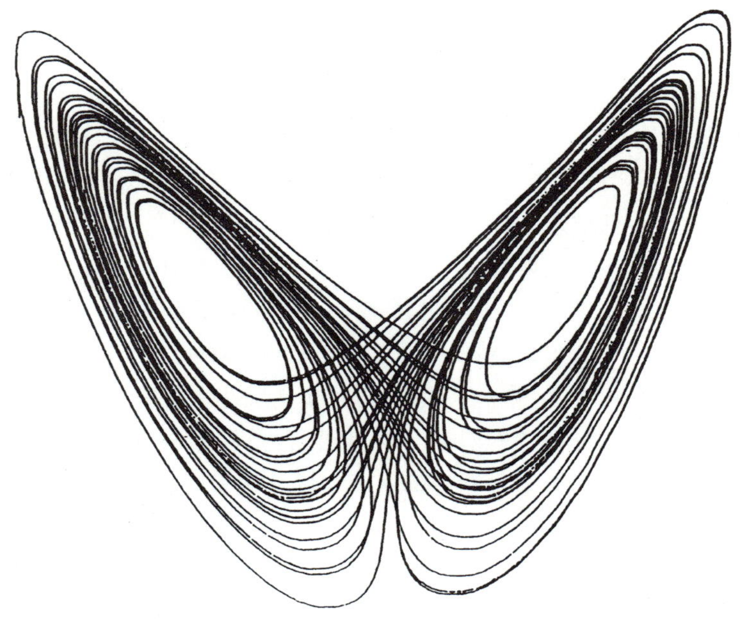

그림 6 최근에 밝혀진 로렌츠 유인자의 컴퓨터 그래픽 화면. 우아한 나비의 형태가 더욱 분명하게 나타나고 있다.

혀 예측할 수 없게 된다.

혼돈 상태에서는 아주 미세한 변화가 확대되어 전체 체계의 역학을 변화시킬 수 있다. 그러나 이것이 반드시 부정적인 것만은 아니다. 혼돈 가운데 어떤 것들은 매우 창조적이다. 예를 들어, 뇌는 계속적으로 혼돈 상태에 있는 신경망들을 가지고 있다. 이러한 이유 때문에 신경망들은 그 속으로 입력되는 매우 정교하고 미세한 변화에 반응할 수 있다. 보통 때와는 달리 거의 혼돈에 근접해 있는 인지 상태는 특히 창조적일 수 있다. 과학자, 예술가, 시인 그리고 예언가들은 종종 무질서한 것처럼 보이는 〈변화된 상태〉 (명상, 꿈, 그리고 무아의 경지 등이 전형적인 경우에 해당된다) 속에서 그리고 그들의 생애 가운데 특히 스트레스가 많았던 시기에 매우 훌륭한 아이디어나 위대한 영감을 얻는 경우가 많다.

그러나 혼돈은 희망뿐만 아니라 위험도 내포하고 있다. 앞에서 살펴본 것처럼, 혼돈 상태에 있는 세계 기상은 미세한 변화들에도 매우 민감하다. 이러한 변화들 가운데 일부는 인위적으로 조성될 수도 있고 그것은 예기치 않았던 해로운 결과들을 가져올 수 있다. 예를 들어, 스프레이에서 분출된 가스는 그다지 중요한 것 같지 않지만 이것은 지구를 온통 뒤덮고 있는 온실 가스를 증가시킬 수 있다. 그리고 그 결과 세계의 평균 기온의 약간만 올라가도 세계 기상 체계에 엄청난 변화를 초래할 수 있다.

사회 역시 때때로 혼돈의 상태에 빠져든다. 이것은 무정부 상태가 아니라 극도로 민감한 상태로서 변화의 서곡이다. 혼돈 상태에 있는 사회는 모든 미세한 변동, 예컨대, 새로운 생각, 새로운 운동, 새로운 사고 방식과 행동 양식 등에 민감하다. 1992년 미국의 대통령 선거에서 클린턴 Bill Clinton이 당선되고 텍사스 출신의 억만장자인 페로 H. Ross Perot가 선전한 사실은, 안정된 시기에는 쉽게 잊어버릴 수 있는 일들을 사회가 동요되고 혼란스러운 상황에서는 사람들이 얼마나 기꺼이 고려하고자 하는가를 잘 보여주고 있다. 결국 사회의 혼돈은 인간에게 자유, 즉 사회 구성원들에게 그들이 속해 있는 구조와 제도들을 변화시킬 수 있는 자유를 제공해 준다. 과거의 억압은 제거되고 개인의 창조성을 펼칠 여지가 주어진다. 독재자, 군대, 경찰력이 아니라 사람들의 변화하는 가치관과 이상이 바로 날개를 퍼덕거리며 사회의 성장과 발전 방향을 결정하게 될 나비가 되는 것이다.

사회 자체와는 달리 사회의 구성원들은 대안적인 행동 과정들을 생각하고 계획하고 전망해 볼 수 있는 능력을 가지고 있다. 이것은 매우 독특한 조건이다. 자연 체계들의 경우에는 그 구성 부분들이 의식을 가지고 있지 않으며 그것이 구성하는 전체의 운명에 영향을 끼칠 수 없다. 그러나 우리는 바로 그것을 할 수 있는 것이다. 따라서 요동치는 시대 속에서 사는 법을 배울 때에는 나비 효과를 인식하고 이를 잘 이용해야만 한다.

시대에 뒤떨어진 대안들

만일 우리가 지구상의 사회적, 경제적, 문화적 그리고 생태학적 체계 내에서 차지하고 있는 독특한 상황을 적절하게 이용하고자 한다면, 체계 변화의 과정에 우리가 결정적인 영향을 미칠 수 있다는 〈사실〉뿐만 아니라 〈어떻게〉 영향을 주어야만 하는지도 알아야 한다. 영속적으로 이익이 되는 변화를 성취할 수 있는 전략을 모색하는 것이 바로 우리 시대의 중요한 도전이다. 이러한 맥락에서, 진보와 발전이라는 고전적 목표들은 비판적으로 검토되어야 한다. 그 가운데 많은 것들은 시대에 뒤떨어진 것이 되었고 심지어는 역기능적인 것이 되었다.

예를 들어, 자유주의자들의 오래된 목표에 대해 살펴보자. 그들은 개인이 자신들의 이익을 극대화하기 위해서 행동할 때 그것이 또한 사회의 이익을 극대화시킨다는 희망적인 전제하에 개인들의 자유에 대한 제약을 제거하기 위해서 항상 노력해 왔다. 한 사람에게 좋은 것은 모두 사람에게 좋은 것이다. 이러한 사실을 인식하든 못하든 관계없이 개인들은 항상 개인적 이익을 추구할 수 있다. 〈보이지 않는 손〉은 이기적인 동기들조차도 공공선과 조화시키고 있다. 이것이 바로 자유방임주의 정책의 초석인데, 이것은 더 이상 타당한 것이 될 수 없다. 안정된 시기, 즉 사회의 다양한 계층들이 공평하게 발전할 수 있을 때에는 외부로부터의 개입이 없이도 자유 경쟁과 시장 기구가 이윤을 배분할 수 있다. 그러나 불안정하고 급속한 변화가 일어나는 시기에는 사정이 달라질 수 있다. 경쟁자들은 부당한 이익을 얻을 수 있고 불평등한 상황을 이기적으로 이용할 수도 있다. 그렇게 되면 애덤 스미스의 〈보이지 않는 손〉은 위축될 것이다. 불평등에 적절하게 대응할 수 있는 정책이 없다면, 우리는 치료해 주는 손 대신에 우리가 전혀 예상치 못하고 있을 때 고통스런 일격을 가하는 분별없는 발을 발견하게 될 것이다.

공산주의의 고전적인 목표들 또한 시대에 뒤떨어진 것이 되었는데, 그 과정은 훨씬 더 극적이다. 공산주의 사회에서는 개인선과 공공선의 자동적인 일치가 결코 정책의 기초가 되지 못했다. 적절한 〈역사 의식〉으로 무장한 유일 정당이 사회 제도를 설계하고 개인의 역할과 임무를 지시하는 가운데 사회를 선도해 왔다. 그러나 실제로는 이데올로기적으로 고무된 유일당의 목표는 대다수의 사람들이 좋고 바람직하다고 생각하는 것과는 거리가 먼 것이었다. 게다가 당이 만들어낸 구조들은 비효율적이고 부패하기 쉬운 경향이 있었다. 차우세스쿠 Ceaucescu의 루마니아는 독재자의 사악한 권력에 사로잡힌 국가의 실상을 가장 잘 보여주었다. 사실상 국가를 집단 자살로 이끈 지도자를 찬양하고 우상화하는 거창한 사업에 긴요한 국가 재정을 쏟아부었다. 중국에서는 정부가 대학 졸업생들에게 일자리를 정해주었는데, 이것은 결혼한 부부들이 몇 년 동안 서로 떨어져 있어야 한다는 것을 의미하는 것이다. 그들 중에는 수천 마일씩 떨어져 있어서 일년에 단 한 번밖에 만날 수 없는 부부들도 있었다. 이들 부부들이 다시 합치기 위해서는 엄청나게 많은 까다로운 수속 절차가 필요하고, 그래서 〈암거래〉가 성행할 수밖에 없었다. 거대한 국가 기구 속에 절망스럽게 갇혀 있던 전세계의 공산주의 국가 국민들이 결국 봉기하게 된 것은 어쩌면 당연한 일이다.

자유민주주의의 〈제1세계〉는 보이지 않는 손을 신뢰하고 공공 부문의 비율을 최소한으로 줄였다. 공산주의의 〈제2세계〉는 보이지 않는 발을 두려워한 나머지 공공 부문을 전 영역에 걸쳐 최대한으로 확대시켰다. 저개발 국가들의 〈제3세계〉는 이와 같은 선택 사이에서 불안한 줄타기를 계속해 왔고 결국은 거의 예외 없이 자유방임주의 쪽으로 기울어졌다. 그러나 이제 우리는 어떠한 전략도 전적으로 기능적이지 않다는 사실을 알고 있다. 마르크스주의 체제의 오류는 공산주의 정권들이 하나둘씩 도전을 받아 무너진 1989-1991년 사이에 있었던 극적인 사건들을 통해 분명해졌다. 비록 극적이지는 않지만 자유주의 체제의 오류 역시 분명해지고 있다. 자유방임주의 사회에서 사적 영역은 고도의 자본 집중이 이루어지고 경제, 사회, 정치적 측면에서 지배적인 영향력을 획득했다. 그 결과 사회·경제적 복지의 혜택 속에서 개개인들이 자유와 자율을 누리는 대신에 지나칠 정도의 경쟁적인 환경이 조성되었다. 그와 같은 환경에서는 승자는 맨션에 살지만 패자는 거리에서 살게 된다. 그리고 부자나 가난한 자나 다 똑같이 도시 생활에 따르는 소외감을 경험하게 되며 무책임한 풍요로움의 대가로 쓰레기와 공해의 위협 속에 살고 있다.

통계 자료에 따르면, 미국에서는 사회가 불안정했던 1980년대에 불평등이 증가한 것으로 나타나고 있다. 연봉 2만—5만 달러의 중산층의 임금 총액은 10여 년 동안에 매년 약 4%씩 총 44%가 증가했다. 같은 기간 동안에 20만-100만 달러를 버는 사람들의 임금 총액은 697% 증가했으며, 100만 달러 이상의 고소득을 올리는 사람들의 임금 총액은 2184% 증가했다. 이러한 추세는 중산층을 무너뜨리고 공동체의 장기적인 안정을 잠식시켜 왔다. 이것은 내 집 갖기라는 미국인들의 꿈을 파괴시켰고 무주택의 악몽만을 가져왔다. 이것이 바로 공개적인 경쟁이라는 허상 속에서 힘있는 사람들이 체계를 조정하는 것이 허용될 때에 자유방임주의 체제에서 나타날 수 있고 그리고 실제로 나타나고 있는 〈야만적인 불평등〉의 실상이다.

모든 사람들이 자유주의자가 아니면 공산주의자 혹은 정치적으로 〈우익〉 아니면 〈좌익〉이 되어야 한다는 가정은 잘못된 것이다. 이러한 두 가지 전략들이 모두 시도되어 왔다. 그리고 그 전략들이 당시에는 무슨 이익을 가져왔든지 관계없이 이제 그들의 시대는 지나가 버렸다. 따라서 현대 사회는 보다 시의적절한 관념을 찾아야 할 필요가 있다.

사회적·경제적 정의 그리고 평등과 마찬가지로 개개인의 자유와 자율은 인간 삶의 영원한 가치들이다. 그러나 자유와 평등을 실제로 추구했던 고전적인 전략들은 위험스럽게도 시대에 뒤떨어진 것이 되어버렸다. 자유주의와 공산주의의 정치적 프로그램이 정식화된 이후에 사회는 근본적으로 변화되어 왔다.

자유방임주의의 프로그램은 17세기 유럽에서는 유효한 것이었다. 당시의 새로운 기술은 상황을 근본적으로 변화시켰다. 그 결과 절대 군주의 통치를 시대에 뒤진 것으로 간주하고 수용할 수 없도록 만들었다. 그와 같은 상황에서는 〈최소한의 지배가 최선의 지배〉라는 명제가 탁월한 의미를 지니고 있었다. 그것은 개인의 자유와 진취적 정신을 위한 충분한 여지를 제공하는 것이었다. 그러나 20세기 말에 자유는 더 이상 세습 군주들의 권력으로부터 위협받지 않고 있다. 자유방임주의 프로그램에 더 이상 집착하는 것은 많은 사람들의 복지, 아마도 많은 계층과 수많은 사람들의 생존 자체를 위협하는 통제 불가능한 상황을 만들어낼 수도 있다.

공산주의라는 마르크스주의자들의 전략은 자유방임주의 체제의 결함을 수정하고자 하였다. 그것은 산업혁명의 와중에 토지를 잃고서 새로운 산업의 핵심인 착취 공장으로 떠밀린 가난한 농민들에게 경제적·사회적 정의를 보장하기 위한 것이었다. 그러나 20세기 말의 사회적·경제적 정의는 산업 군주나 봉건 영주의 재산을 국유화하고 유일 정당의 수중에 권력을 집중시킴으로써 이루는 것이 아니다. 이것은 단지 관료화, 비효율성 그리고 부패만을 가져올 뿐이다. 글라스노스트가 당 체제의 권력에 균열을 가져왔을 때 변화의 바람이 체제에 새로운 활력을 불어넣는 대신에 그것을 붕괴시킨 것은 어쩌면 당연한 일이다.

금세기의 막바지에 접어들면서 국가 교의로서의 공산주의는 역사 속으로 사라지는 것이 불가피해졌다. 만일 정부가 중앙집중화라는 공산주의자의 전략을 고집한다면, 그 사회는 비능률, 타성, 부패로 인해 붕괴하고 말 것이다. 그러나 공산주의의 중앙집중화의 유령을 제거하는 것이 흔히 말하는 것처럼 만병통치약은 아니다. 만약 정부가 이를 대신해서 자유방임주의라는 고전적인 전략을 고집한다면, 사회는 이제 비능률적인 중앙집권화가 아니라 통제할 수 없고 조화될 수 없는 개인주의가 지닌 유해한 부작용 때문에 여전히 고통받게 될 것이다.

만일 자유주의와 공산주의가 우리의 유일한 선택 대안이라면, 상황은 실로 절망적일 것이다. 심지어 우리에게는 공산주의보다는 죽는 게 낫다든지 아니면 죽는 것보다는 공산주의가 낫다든지 하는 고전적인 딜레마조차도 없을 것이다. 왜냐하면 우리는 어떤 것을 선택해도 죽게 될 것이기 때문이다. 이것들은 결코 참된 대안들이 될 수 없다. 진정한 해결책은 공산주의냐 아니면 죽느냐 하는 데 있는 것이 아니라 살아서 진화하는 데 있는 것이다.

인본주의적 진화론의 전략

더 이상 기능할 수 없는 자유주의와 공산주의라는 고전적인 전략들은 보다 더 시의적절하고 기능적인 〈제3의 전략〉으로 대체되어야 한다.

새로운 전략은 사회적 정의와 공정성을 보장하는 것과 동시에 개인의 자유와 자율성을 완전하게 만들어야 한다. 이것은 바로 개인과 사회가 공진화 co-evolution하는 것이다.

우리는 사회의 성장과 진화를 정지시킬 수 없으며 그것을 이전의 단계로 퇴행시킬 수도 없다. 우리는 〈흐름을 타야〉 하지만 우리가 어디로 갈 것인가를 선택할 수 있으며 또한 선택해야 한다. 현대 사회를 기다리고 있는 두갈래치기들은 다양한 결과를 가져올 수 있다. 많은 갈래 중에서 사회가 어떤 것을 취하게 될 것인가를 미리 결정할 수 있는 자연 법칙이나 역사 법칙은 없다.

폭력과 무정부 상태로 퇴보할 가능성을 포함해서 몇 가지 진화론적 갈래들이 있다. 역동적이며 기술적으로 진보된 그리고 다양화된 사회를 창조하기 위한 길은 많이 있다. 그와 같은 사회는 최상층에서 명령이 떨어지고 많은 부분과 구성 요소들을 미리 설계된 하나의 단일체 속으로 밀어넣는 위계제 hierarchy 사회가 될 수 있다. 아니면 다양한 부분과 구성 요소들이 목표와 목적을 설정하는 데 참여하고 그것을 달성하기 위해서 서로 협력하는 총체제 holarchy 사회가 될 수도 있다.

인류는 상호 이해와 연대성에서 나오는 자발적인 협력에 기초한 진화론적 사회를 창조할 수 있는 기술(조직 기술 및 인간 상호 간의 의사소통과 협의에 필요한 하드웨어와 소프트웨어 등)을 가지고 있다. 그러나 인류는 또한 이와 같은 기술을 매개로 하여 개개인을 미리 계획된 역할과 적소에 가두고 개인의 활동은 물론 심지어 그들의 가치와 동기를 감시하고 통제하는 전지구적인 독재 체제를 창조할 수도 있다.

역사뿐만 아니라 자연에서의 진화 법칙들은 개연적인 것이지 결정론적인 것이 아니다. 그것들은 관대하다. 진화 법칙들은 모든 것을 허용하지는 않는 반면에 —— 만약 그렇다면 그것은 더 이상 〈법칙〉이 될 수 없고 단순한 우연일 뿐이다 —— 그것이 허용하는 결과에 대해서는 상당한 재량권을 부여하고 있다. 기본적인 대안들은 두갈래치기의 퇴보적 갈래를 따라서 폭력과 무정부 상태로 가는 것이거나 아니면 진화론적 갈래를 따라서 하나의 전지구적인, 다 수준의, 역동적인, 다양화되면서 통합된 체제로 가는 것이다. 그리고 진화론적 갈래 내에서의 선택은 개인적 발전을 희생하면서 사회적 진화를 선택하느냐 아니면 개인과 사회의 공진화를 선택하느냐 하는 것이다. 우리가 속한 사회가 퇴보하는 것이 될 것인가 아니면 진화하는 것이 될 것인가, 그리고 만일에 진화하는 것이라면 그것이 위계제가 될 것인가 아니면 총체제가 될 것인가를 결정하는 것은 우리들에게 달려 있다.

우리는 금세기의 마지막 —— 이것은 또한 현대의 마지막 순간이 될 것 같다 —— 순간에 인간과 사회의 공진화를 가져올 수 있는 과정을 출발시킬 수 있는 선택권을 가지고 있다. 인본주의적인 진화론의 전략을 선택하기 위해서는 우리의 사회적, 경제적 체제에 자리잡고 있는 개인주의와 집단주의의 신비적 형상인 외로운 군인 Lone Ranger과 집단 농장 Collective Farm을 초월할 수 있어야 할 것이다. 경제적, 사회적 그리고 정치적인 세계화 과정들을 인간적으로 관리할 수 있는 통로로 연결시키기 위해서는 필수불가결한 제약을 가할 수 있어야 한다. 그리고 동시에 전지구적으로 확대된 세계를 안정적으로 유지하는 데 필요한 일종의 조화와 조정을 보장할 수 있는 상호작용을 위해서도 규제를 가할 수 있어야 한다.

개인과 사회의 공진화는 어려운 과제이기는 하지만 유토피아적인 것은 아니다. 지금이 바로 인본주의에 기초한 다양한 진화론적 전략에 대해서 진지하게 생각할 시점이다. 이런 적절한 시기에 우리에게는 아직 하나의 창문이 열려 있다. 즉, 생각하고 대비할 수 있는 아주 귀중한 그러나 아마도 다시 올 것 같지 않은 그런 기회를 가지고 있다. 우리가 지금 창출해 내고 있는 사상이나 전망들이 마지막 순간 나비가 될 것이다. 우리의 날개를 펼치고 그리고 두갈래치기를 하고 있는 우리 사회가 인본주의적인 진화의 통로를 따라 힘차게 나가도록 우리 시대의 혼돈을 활용하는 것은 우리들 각자의 몫이다.

제 6 장

비전 2020 : 위기 이후의 세계상

다음과 같은 과업을 생각해 보라. 고전적이며 지금은 시대에 뒤떨어진 자유방임주의와 공산주의의 정치적 교의들을 초월해서 인본주의적인 진화의 시나리오를 창조하기 위해 당신이 〈제3의 전략〉을 짜야 한다고 생각해 보라. 목표 시기는 2020년이다. 당신은 1990년대의 두갈래치기가 근본적인 변화의 시작이었다고 가정할 수 있을 것이다. 그리고 21세기의 처음 10년 동안은 새로운 아이디어들이 사회적 현실로 전환될 수 있는 실질적인 기회가 될 것이다. 그렇다면 새로운 전략의 본질적인 요소들은 무엇인가? 그것의 일차적인 목적과 목표는 무엇인가? 이러한 물음에 답하기 위해서 여기서 살펴보고자 하는 것이 바로 인본주의적인 진화 시나리오 가운데 하나인 〈비전 2020〉이다.

제3의 전략의 목표는 인간이 사회와 공진화할 수 있는 전지구적인 총체제를 향해 출발하도록 만드는 것이다. 이것을 위해서는 우리가 창조한 복합적이고 상호의존적인 세계를 계속해서 통제할 수 있어야 한다. 현대에 와서 전지구적으로 확대된 상호관련성들은 후기 현대 세계에서도 필요한 요소들이 될 것이다. 하지만 그러한 상호관련성들은 인류를 지배하기보다는 오히려 인류에게 봉사해야 한다. 그것들은 우리들 상호간에 그리고 지구상에 존재하는 다른 모든 생명 체계들과 우리가 조화를 이루도록 효과적으로 관리할 수 있는 수단이 되어야만 한다.

이와 같은 기본적인 요인들을 고려할 때, 진화론적인 〈제3의 전략〉은 서로 구별되면서도 상호 연관되어 있는 두 가지 부류의 목표들을 가지고 있다. 첫번째 목표들은 본질적으로 방어적이다. 즉, 이것은 개인을 희생하는 대가로 이루어지는 사회 구조들의 진화를 막는 것이다. 두번째 목표들은 활동 지향적이다. 이것은 전세계인들을 그들 상호간에, 그들의 환경과 그리고 전체 생활권과 연결시켜 주고 있는 관계들을 증진시키고 이것을 효과적으로 활용하는 것이다. 첫번째 목표들은 개인들의 발전을 보호하기 위한 것이다. 이를 위해서는 위계적인 성질을 지닌 정치·경제 체계 및 과정들이 진화하는 것을 제한하고 통제해야 한다. 두번째 목표들은 전지구적 수준에서의 총체제를 창출해 내는 것이다. 이것은 전세계적인 조정이 유익할 뿐만 아니라 실로 절실하게 요청되고 있는 영역이나 분야에서 협동적인 관계망을 창출하는 것을 의미한다.

개인을 보호하기 위한 목표들

목표 1 : 국가 권력의 제한

개인의 발전은 계획될 수도 없고 그럴 필요도 없다. 그것은 다만 허용되어야 한다. 인본주의적인 진화론적 전략의 첫번째 요건은 개인적인 성장과 창조의 공간을 만들어내는 것이다. 이러한 전략은 위계적인 구조와 제도가 진화함으로써 개인의 자유와 자율성을 위협하는 분야들을 제한하는 것이다. 본질적으로 정치가 바로 이러한 분야 가운데 하나이지만 일상 생활에서는 정치 분야 그 이상이다. 이것은 바로 정치적 지배, 정치 구조 그리고 주권의 요구 등을 포함하고 있는 현대 민족국가라는 신화이다.

현대 세계에서 국가 주권은 거의 신성시되어 왔다. 구소련과 유고슬로비아의 경우에 민족국가의 정부는 그들의 국가 주권을 포기하기 전에 극단적인 혼돈에 직면해 있었다. 지구상의 모든 국가들은 각 지역, 지방 정부, 그리고 주(州) 정부 등과 같은 국가의 하부 조직에 대해 행사하던 국가 권력의 일부를 포기하기보다는 차라리 군대를 동원하려고 할 것이다. 그러나 그것이 아무리 자연스러워 보일지라도 국가 주권에 대한 한치의 양보도 없는 이와 같은 집착은 사회의 법칙도 아닐 뿐만 아니라 인간 본성의 법칙도 아니다. 그것은 역사적 산물에 불과하며 그것을 만들어낸 시대가 사라질 때 그것 역시 역사 속으로 사라져야만 한다.

근대 민족국가가 법적·제도적인 형태로 등장한 것은 1648년에 체결된 베스트팔렌 조약Peace Westphalia에서부터이다. 민족국가라는 관념은 17-18세기에 유럽 전역을 통해서 제도화되었고, 제2차 세계대전 이후에 펼쳐진 탈식민지화의 거대한 물결 속에서 세계 구석구석으로 퍼져나갔다. 개발 도상국들은 식민 통치자들로부터 물려받은 거의 모든 관념들을 거부했지만, 주권을 지닌 민족국가라는 원칙에 대해서는 결코 그 타당성을 의심하지 않았다. 결과적으로, 오늘날의 세계 공동체는 주권을 지닌 190개 이상의 민족국가들로 구성되어 있으며 그 숫자는 계속해서 늘어나고 있다.

단지, 극히 일부 영토만이 주권이 없는 상태에 있다.

인류는 국가들 사이의 체계를 세계의 영원한 특징으로서 받아들여 왔다. 그러나 이것이 바뀌어야 한다. 〈비전 2020〉에서는 21세기 초반의 전지구적인 두갈래치기가 일어난 후에 더 이상 민족국가들로 이루어진 세계 체계를 유지해야 할 특별한 이유가 없을 것이다. 2020년까지는 세계 대부분의 사람들이 새로운 형태의 사회적, 정치적, 경제적 통합체를 창출할 수 있을 것이다. 일반 대중의 수준에서는 각 개인이 자신의 목소리를 낼 수 있는 인간적인 크기의 공동체들을 형성할 수 있을 것이다. 경제를 관리하고, 문화 유산을 보존하며, 자연을 보호하고, 다른 사회의 공격으로부터 자신을 보호할 수 있는 많은 체계들을 창출할 수도 있을 것이다. 슬로바키아인들과 에스토니아인들이 잘 알고 있는 것과 마찬가지로 이제는 더 이상 모든 결정권을 중앙 정부의 수중에 둘 필요가 없을 것이다.

＊ 앞으로 30년 동안 인류는 전세계적인 성장과 국지적인 성장이 동시에 이루어질 것이다. 인류는 탈집중화되는 동시에 통합이 이루어지는 총체제의 형태로 국제 체계를 발전시킬 수 있을 것이다. 최상의 수준은 전체 지구가 될 것이며 가장 낮은 수준에서는 오늘날의 대부분의 민족국가들보다도 훨씬 더 인간적인 규모, 즉 보다 작고 보다 참여적이며 보다 민주적인 규모가 될 것이다.

＊ 단일 민족국가에 대해서만 충성해야 한다는 개인들의 심리적 중압이 사라질 것이다. 국기에 대하여 배타적인 충성심을 맹세하고, 국기는 〈옳든 그르든 나의 조국〉을 상징하는 것이라는 신념에서 국기를 흔들 필요가 없다. 연구 결과에 의하면, 국제 규범을 준수하는 가운데서도 자민족 중심주의가 여전했듯이 창조성과 국

제주의 또한 병행할 수 있을 것이다. 오늘날 지구상에 존재하고 있는 다양한 문화와 인성에 기초한 다문화 사회에서는 창조성과 혁신이 폭발적으로 일어나게 될 것이다.

  ✺ 사람들은 어느 한곳에 불충하지 않으면서 동시에 다른 사회 영역이나 사회 단위들에 대해 충성할 수 있게 될 것이다. 그들이 살고 있는 지역이나 주정부 등에 대한 애정을 버리지 않으면서 동시에 더 큰 공동체를 위해서도 헌신할 수 있게 될 것이다. 자신이 속한 지역에 헌신하는 가운데 전체 문화 그리고 전체 인류와도 일체감을 느낄 수 있을 것이다. 유럽인들이 유럽인일 뿐만 아니라 영국인, 독일인, 벨기에인, 이탈리아인 것처럼, 그리고 미국인들이 미국 사람인 동시에 뉴잉글랜드 사람, 텍사스 사람, 남부 사람 그리고 북서태평양 사람인 것처럼, 지구상에 있는 모든 사람들은 좁은 의미의 정체성과 넓은 의미의 정체성 두 가지를 모두 지니고 있다. 비록 넓은 의미의 정체성이 민족국가의 신화로 인해서 활성화되지 못하고 위축되었다고 할지라도 이것은 맞는 말이다.

  2020년이 되면 일반 대중으로서의 정체성 그리고 더욱 폭넓은 문화적·인간적 존재로서의 정체성 그 어느것도 결코 일방적인 충성을 강요함에 따라 무시될 수 없을 것이다. 현재의 유럽은 하나의 민족국가가 아니며 유럽인이라는 더 넓은 정체성을 공유하고 있다. 유럽인들의 유럽인임은 결코 혼란의 원천도 아니고 충성심의 갈등을 낳는 근거도 아니다. 실제로 만일 영국인, 독일인, 벨기에인, 그리고 이탈리아인들이 주권을 지닌 민족국가를 형성하는 법률상의 의제를 고집하지 않는다면, 그들의 유럽인임은 훨씬 더 많이 나타나게 될 것이다. 미국의 뉴잉글랜드, 남부에 속하는 주들 Dixie, 그리고 태평양 연안의 여러 주들 Pacific Coast은 민족국가들이 아니다. 그러나 이 지역 사람들은 전체로서의 미국과 자신들을 동일시할 뿐만 아니라 이러한 단위들과 그들 자신을 동일시하고 있다. 만일 연방 정부가 스스로 민족국가의 주권을 고집스럽게 주장하지 않는다면, 이 지역 사람들의 지역적 정체성은 더욱더 발전하고 두드러지게 될 것이다. 그것 때문에 이들이 미합중국의 훌륭한 시민이 되지 않는 것은 아니다.

거대한 민족국가들이 주권을 인간적인 규모의 공동체로 이양하는 탈집중화 현상은 어디서나 바람직한 것이다. 구소련과 유고슬라비아는 이것을 이미 경험한 바 있으며, 중국과 인도는 언젠가는 겪게 될 것으로 보인다. 그러나 도대체 무엇이 〈인간적인 규모〉인가? 인간이 거주할 수 있는 가장 알맞은 규모에 대한 논쟁이 수세기 동안 있어왔지만 오늘날 적용할 수 있는 것은 거의 없다고 해도 과언이 아니다. 무엇보다도 대부분의 논의는 가장 적절한 도시의 규모가 어떠한 것인가에 집중되어 왔다. 고전적인 관념들은 매우 시대에 뒤떨어진 것들이다. 예를 들어, 플라톤이 제시한 이상적인 도시국가의 인구는 약 500명 정도인데 이것은 현재 그리고 앞으로의 높은 세계 인구 밀도를 감안할 때 지나치게 작은 규모이다. 사람의 목소리가 미칠 수 있는 범위가 공동체의 한계가 되어야 한다는 그의 주장은 지금은 의미가 없다. 왜냐하면 현대의 통신 기술은 개인의 목소리를 더 멀리까지 보낼 수 있으며 대규모의 그리고 심지어는 멀리 흩어져 있는 집단 구성원들 사이의 상호작용조차 얼마든지 가능하게 하고 있기 때문이다. 도시의 최적 규모에 대한 보다 최근의 고찰 역시 매우 제한적인 경향이 있다. 하워드 Ebenezer Howard가 제시한 인구 3만 2000명의 도시 역시 세계화 시대에는 작은 규모일 것이다. 현대적인 의사소통 기술로 무장하고 인구가 100억이 넘게 될 미래 세계에서는 더 많은 사람들이 도시의 환경을 공유할 수 있으며 또한 그래야 한다. 하지만 아무리 최상의 의사소통 기술이라고 할지라도 거대 복합 도시들이 지닌 문제들, 예컨대, 범죄, 인구 과잉, 높은 생활비, 비인간적인 생활 환경과 노동 환경, 그리고 치열한 경쟁 시장 등의 문제점은 극복할 수 없다.

북아메리카와 유럽에서 수행된 〈거주 적합성〉에 대한 연구에 의하면, 인구 50만 명 이상의 도시들은 거의 대부분 최적의 생활 조건을 제공할 수 없다. 그러나 대략 그 정도의 크기는 지나치게 방대한 규모가 아니기 때문에 도시의 경제적, 사회적, 문화적 이점을 공동체 의식과 결합시킬 수 있다고 보고 있다.

물론 도시가 기본적인 사회 단위는 아니다. 금세기 말에는 인류의 거의 절반 이상이 도시에 살게 될 것이라고는 하지만 역사적으로 볼 때 도시의 성장은 최근에 일어난 현상이다. 그러나 이것이 두갈래치기 이후의 시대까지 계속될 필요는 없다. 수많은 사람들은 이미 도시 환경 속에서 살기를 원치 않고 있다. 적절한 경제 정책이나 주거 정책만 있다면 시골에서 살면서도 얼마든지 일할 수 있을 것이다. 심지어 통일성과 다양성을 갖춘 사회 체계를 고집하는 도시들조차도 농장과 촌락 그리고 소규모나 중간 규모의 도시들로 둘러싸이게 될 것이다. 진정으로 인간적인 규모의 공동체는 시골 환경과 도시 환경을 함께 포함하면서 인간에게 유익하도록 두 가지 환경의 다양성을 연계시킬 수 있을 것이다.

다음 세기에 가장 적당한 규모의 도시/농촌 공동체는 고전적인 도시국가와 현대의 민족국가 사이에서 그 규모가 결정될 것 같다. 인구가 6000만—8000만 명을 초과하는 공동체는 너무 클 것이다.

주변부가 중심으로부터 분리되고, 다양성과 통일성이 상충될 수 있으며, 부자와 빈민 사이에 그리고 도시 주민과 시골 주민 사이에 구조적인 불균형이 나타날 수 있다. 이것보다는 작은 규모의 사회 체계들이 인간적인 환경을 제공할 수 있는 가능성이 더 많다. 이러한 사회 체계들은 어느 정도의 유기적인 통일성을 유지할 수 있을 것이다. 역사적으로 볼 때, 유기적인 통일성을 유지하면서 살아남은 공동체는 그 인구가 6000만−8000만 명 정도였다. 유럽에 있는 나라들을 예로 들자면, 영국, 프랑스, 네덜란드, 핀란드, 스위스, 헝가리 등이 여기 해당된다. 국가의 하위 문화들 역시 그 정도 규모에서 벗어나지 않는다. 예를 들어, 북아메리카 지역의 뉴잉글랜드, 텍사스, 북서 태평양 지역, 캐나다의 연해주 지역 Maritime Provinces* 등이 여기 해당된다. 심지어 오늘날 엄청난 인구를 가진 중국과 인도조차도 상대적으로 작은 규모의 지역적 문화를 바탕으로 진화해 왔다. 이것들이 민족국가로 통합되어 거대한 규모로 성장하게 된 것은 금세기에 들어서다. 구소련과 유고슬라비아가 자율성을 추구하는 민족 단위의 공동체들로 해체되었다는 사실은 민족국가들이 갈등과 폭력을 대가로 국가 주권을 더 이상 고집해서는 안 된다는 것을 분명하게 가르쳐 주고 있다.

목표 2: 정치인들의 권력 제한

정치는 유기적인 공동체에서 벌어지고 있는 상호작용을 규제하는 것이라고 정의할 수 있다. 이런 관점에서 본다면 정치는 인류

---

* 캐나다의 남동부, 대서양에 접해 있는 Nova Scotia, New Brunswick, Prince Edward Island의 3개 주 — 역자 주

에게 영원히 필요한 것이다. 정치가들뿐만 아니라 정치는 많은 목적에 봉사할 수 있다. 예컨대, 세습 군주, 군사 독재자, 혹은 선거로 선출된 대표자를 위해 봉사할 수 있다. 또한 강력한 로비 활동과 특수한 이익에 봉사할 수도 있다. 비록 좋은 의도를 가지고 있다고 할지라도 그릇된 인식과 불완전한 정보에 의해 오도될 수 있다. 그러나 정치는, 역사적으로 그렇지 못한 경우도 종종 있었지만, 또한 인간의 진정한 이익에 봉사할 수도 있다.

정치 체계는 고귀한 이상에서 시작되지만 때로는 기만적인 권위주의 체제로 귀결되기도 한다. 통치는 정치 권력과 사적 이익을 위한 투쟁으로 전락하는 경향이 있다. 그리고 국가의 정치 기제들이 다양한 형태의 전제 정치로 돌변하는 안타까운 경향도 있다. 예를 들어, 민주주의의 보루인 미국조차도 대통령에게 엄청난 권력을 부여하고 있다. 워터게이트 사건에도 불구하고 대통령의 막강한 권한은 줄어들지 않았다. 대통령은 국군 최고 통수권자이며, 각료를 임명할 수 있고, 대외 정책은 물론 국내 정책까지도 결정할 수 있다. 견제와 균형을 통해 대통령의 권력 남용을 차단할 수 있고 국민 여론 또한 이에 대한 제약을 가할 수 있기는 하지만, 대통령의 일상적인 권한은 여전히 막강하고 때로는 황제와도 같은 최고의 권력을 행사한다.

물론 미국은 대부분의 다른 국가들, 특히 남아메리카 국가들과 비교해 볼 때 매우 양호하다. 멕시코에서 대통령은 민주 국가의 수반이기보다는 전제 군주에 더욱 가깝다. 6년 간의 공직 재임 기간에 주어지는 대통령의 권력은 그가 최고 정치 지도자뿐만 아니라 최고 갑부가 되기에도 충분하다. 중부 아메리카와 아프리카의 경우에는 상황이 더욱 심각하다. 권력을 유지하기 위해 필요한 부와 영향력을 얻는 것 그리고 그것이 더 이상 불가능할 때에는 망명을 해서 호사스러운 생활을 하는 것이 최고 지도자들의 주된 관심사이다.

정치가들의 권한을 제한하는 일은 지나치게 이상적인 것처럼 들릴 수도 있다. 주지하듯이 권력은 부패하기 마련이고 부패한 정치가들은 스스로 그들의 막강한 권력을 조금도 포기하려 하지 않는다. 그러나 정치 권력은 얼마든지 제한할 수 있다. 그것은 정치가들의 본성을 변화시키기보다는 단지 〈사회〉의 성격을 바꾸면 되는 것이다. 지난 25년 동안 〈국민의 힘 people power〉이라는 하나의 현상이 정치에 극적인 영향력을 행사해 왔다. 1960년대의 민주화 시위에서부터 필리핀의 마르코스 대통령 축출, 중국의 천안문 사태, 동구 유럽 공산주의 체제의 붕괴, 칠레의 평화 혁명, 1991년 쿠데타에서 보여준 모스크바 시민들의 저항, 1993년 마피아 독직 스캔들에서 보여준 이탈리아 국민들의 시위 등은 이러한 현상을 잘 보여주고 있다. 위의 모든 경우에서 알 수 있듯이, 국민들은 정치가들에 의한 권력 남용에 저항했고 앞으로는 권력을 가진 사람들에 대한 견제와 균형이 더욱 강화될 것임을 분명히 보여주었다. 사회적 영역에서 이미 기본적인 변화가 일어나고 있고 2020년까지는 더 많은 변화가 나타날 것이다.

그렇게 된다면 국가가 더 이상 절대적인 주권을 주장하지 않게 될 것이다. 만일 공동체가 민주적으로 구성되기만 한다면, 정치 지도자들은 권력욕에 사로잡히지도 않고 위세를 부리지도 않을 것이다. 민주적으로 선출된 지도자들은 임기가 끝난 뒤에는 시민 본연의 모습으로 혹은 전문적인 직업으로 복귀하게 될 것이다. 그리고 임기 중에는 독자적으로 결정을 내리기보다는 현대적인 통신 체계들을 활용하여 주요한 쟁점에 대해 공동체의 시민들과 .협의하게 될 것이다. 1992년 미국 선거는 이러한 추세를 잘 보여주었다. 당시에 많은 유권자들은 정치가들의 임기를 제한하고 정치가들이 토크쇼나 〈전자 시청 회합 electronic town-hall meeting〉 등의 방식을 통해 국민들과 의사소통을 할 수 있도록 텔레비전을 더 많이 활용해야 한다는 주장을 압도적으로 지지한 바 있다.

진정 인간적인 규모의 공동체에서는 직접 민주주의가 실현될 수 있다. 사람들은 서로간에 그리고 그들의 지도자들과 긴밀하게 접촉할 수 있을 것이다. 그러한 공동체에는 임기가 분명히 규정된 작고 융통성 있는 행정 체계들이 존재할 것이다. 정치적인 직무에 봉사하는 것은, 마치 오늘날의 배심원과 흡사한, 하나의 시민적 의무로 간주될 것이다. 불법적인 권력이나 부당한 이권에 접근하지 못하게 하는 안전 장치가 존재하게 될 것이다. 모든 형태의 부패를 막을 수는 없겠지만 적어도 더욱 유해한 형태의 권력 남용으로부터는 공동체를 효과적으로 보호할 수 있을 것이다.

전지구적인 협력을 성취하기 위한 목표들

민족국가나 정치인이 지닌 권력을 제한하는 것이 개인의 자유와 발전을 보호하기 위해 필요한 것이기는 하지만 그것만 가지고는 인본주의적으로 진화된 미래를 충분히 보장할 수는 없다. 비록 세계의 정치·사회적 체계들이 성공적으로 탈집중화된다고 할지라도 분권화된 단위들이 곧바로 성장해서 다시금 집중화가 이루어질 수 있다. 현재의 생산, 무역, 마케팅, 수송, 의사소통 기술 상태 등을 고려해 볼 때, 인간의 관심사가 세계적인 수준으로 확산되지 않을 수 없게 될 것이다. 세계화의 과정을 멈추려고 하는 것은 무의미한 일이 될 것이다. 반쯤 익힌 계란을 날계란으로 되돌릴 수 없듯이 세계적인 흐름이나 과정들을 되돌릴 수는 없다. 그러나 세계화 과정을 재촉하거나 준비가 되어 있지 않은 사회를 억지로 두갈래치기하도록 하는 것 또한 바보 같은 짓이다. 바로 이와 같은 일들이 제2차 세계대전 이후에 전개된 탈식민지화 과정에서 그리고 그로부터 40년 후에 구소련의 개방 정책 glasnost에서 나타났다. 인본주의적인 진화의 전략은 사회를 세계화의 흐름 속에 무차별적으로 개방시키는 것도 아니며, 사회를 독립적인 영지주의와 제후주의에 기초한 중세 시대로 역행시키려는 것도 아니다. 제3의 전략은 세계화의 추세를 바람직한 방향으로 이끄는 것이다. 따라서 두번째 부류에 포함된 목표들은 인간적으로 관리할 수 있는 협의 체계와 협력 체계를 사회 내에 창출하는데 초점을 맞추고 있다. 이것은 전지구적인 총체제의 진화를 증진시키기 위한 전략이다.

자율적인 공동체들 사이에 이루어진 자발적인 합의(우리는 이것을 협약concord이라는 용어로 사용할 것이다)는 인간이 세계화 과정을 통제할 수 있는 적절한 수단들이다. 협약은 경제는 물론 그 밖의 다른 많은 영역들, 예컨대 과학, 예술, 종교 및 문화 일반 등에서도 필요하다. 그러나 무엇보다도 협약이 긴급하고 절실한 곳은 방위, 환경, 개발 등의 세 분야이다.

목표 3: 방위 협력에 관한 협약
몇 년 전에 덴마크의 한 야당은 덴마크의 전체 국방 예산을 〈우리는 항복한다〉라는 메시지를 담은 녹음 테이프를 제작하는 데 써야 한다고 주장했다. 만일 침략을 당하게 된다면 그 녹음 테이프가 국영 라디오 방송을 통해서 보도될 것이다. 승리할 가망이 전혀 없었던 그 정당은 선거에서 패했지만, 그 정당이 제안한 국방 정책은 커다란 반향을 불러일으켰다. 방대한 군대 기구를 유지하기 위해서 방위비를 증액하는 것이, 특히 덴마크처럼 작은 국가의 경우에는, 쓸데없는 일이라는 사실을 점점 더 많은 사람들이 인식하게 되었다. 만일 이처럼 작은 나라가 강대국의 침략을 받는다면, 얼마나 많은 군사비를 지출했든 관계없이 군대는 전멸하게 될 것이다.

국가 안보를 위해서는 강력한 국방력이 필요하다는 사실은 하나의 허구에 지나지 않는다. 이것은 민족국가의 주권이라는 환상에서 기인하는 것이다. 만일 한 국가가 자국의 영토에 대한 무조건적인 주권을 주장하지 않는다면, 국경 방위를 연합 평화유지군에 맡기는 것도 충분히 고려해 볼 수 있을 것이다. 오늘날 이러한 조치는 의미가 있을 것이다. 왜냐하면 덴마크와 같은 나라의 국경선은 자국의 군대보다는 유럽 방위 체제에 의해서 보다 효과적으로 보호될 수 있기 때문이다.

유럽연합European Union이 1960년대에 처음으로 제안되었을 때 프랑스는 이를 거부한 바 있다. 그러나 지금 서구의 유럽연합이 다시금 형성되었으며, 아마도 금세기 말 이전에 그 전면적인 완성이 이루어질 것이다. 덴마크 국민들이 현실을 직시하고 깨닫도록 하는 데는 많은 설득이 필요 없을 것이다. 그리고 네덜란드, 벨기에, 독일, 오스트리아, 이탈리아 등도 유럽연합을 지지하고 있다. 프랑스와 독일의 연합군이 이미 창설되었고 다른 유럽 국가들도 이에 가입하고 있다. 1989년 11월에 있었던 스위스의 국민투표에서 보듯이 더욱 놀랄 만한 일들이 벌어지고 있다. 여기서 쟁점이 되었던 것은 오랜 기간 동안 국민의 경외와 존경의 대상이었던 스위스 군대의 존폐 문제였다. 마침내 스위스 사회주의자들이 이 문제를 국민투표에 붙이기 위해 필요한 정족수를 확보함으로써 국민투표가 실시되었다. 그 결과 단지 5-6% 미만의 사람만이 군대의 폐지에 동의할 것이라는 예상과는 달리 30% 이상이 군대의 유지에 부정적인 입장을 표함으로써 경악과 충격을 불러일으켰다.

유럽의 작은 나라들은 훨씬 적은 비용만 가지고도 대내적으로 훌륭한 경찰력을 유지하고 또한 대외적으로는 집단 안전 보장 체제를 분담할 수 있는 상황에서 막대한 비용을 군대를 유지하는 데 쏟아붓는 것이 적절치 않다는 사실을 상대적으로 빠르게 인식하게 될 것이다. 하지만 유럽은 자체의 공동 방위 체제를 발전시킬 수 있다고 해도 미국, 중국, 인도, 브라질 그리고 상당수의 다른 국가들은 적절한 지역 평화유지군을 제대로 운용하지 못하고 있다. 비록 사이프러스, 근동 Near East, 중동 지역에서 국제연합의 효과가 입증되었고 그래서 1988년에 노벨 평화상을 수상하기는 했지만, 국제연합에 의한 세계적인 평화 유지 활동은 민족국가들 스스로가 곤경에 처해 있는 만성적인 분쟁 지역에 한정되어 있다.

오늘날 효과적인 지역 평화 유지 활동은 유토피아처럼 보일지 모르지만 21세기에는 그렇지 않을 것이다. 만일 민족국가들이 자결과 자율에 기초한 인간적인 규모로 탈집중화되고 그리고 더 이상 주권에 집착하지 않는다면, 이들이 체결한 협약을 통해 상호 방위의 문제를 해결할 수 있을 것이다. 물론 방어를 위해 창설된 것이라고는 하지만 거대한 군사력이 공격적으로 돌변할 수 있는 위험은 항상 존재한다. 군사력의 집중은 비록 그 힘의 사용을 제한한다고 하더라도 위세를 떨치려는 야망에 사로잡혀 부패할 수 있는 가능성이 항상 존재한다. 그러나 2020년에는 공격 무기에 대한 완전 금지 조치와 더불어 평화 포럼과 연계된 평화 유지 상비군을 창설함으로써 잠재적인 침략의 가능성을 막을 수 있을 것이다.

1991년 걸프 만의 위기 그리고 1992년 유고슬라비아의 위기에 비추어볼 때, 지역적인 평화유지군의 형태를 발전시키는 것이 매우 적절하다. 이 문제를 더욱 자세히 살펴보자.

특정 지역의 평화유지군은 기존의 국가 방위 군대에서 충원될 수 있다. 처음에는 5만-10만 명을 초과하지 않을 정도의 상비군을 갖춘 소규모 군대로 연합군이 유지될 수 있을 것이다. 비교적 작은 규모이기는 하지만 적절하게 무장할 수 있을 것이다. 분쟁 지역으로 신속하게 이동할 수 있는 기동력을 갖추고, 투입되는 즉시 지역 방위 문제를 해결할 수 있는 적절한 무기를 보유하고 있어야 할 것이다. 그렇다고 대규모의 공격 무기는 물론 핵무기나 생화학 무기들이 필요하다는 것은 아니다. 만일 어느 한 국가의 군대가 공동체의 법과 질서를 유지하는 데 필요한 만큼의 병력만을 보유하도록 한다면, 그 국가는 그 지역의 평화와 안보에 위협을 가하지는 못할 것이다.

어느 나라에 내란이 발생하거나 외부로부터 침략을 당하는 경우에 연합 평화유지군이 개입하게 될 것이다. 비교적 작은 규모이기는 하지만 연합군의 추가 지원으로 우세를 확보함으로써 전쟁 행위를 종식시킬 수 있을 것이다. 일단 휴전이 성립되면, 각국 지휘관들과 연합군 사령관으로 구성된 그 지역의 평화 유지 포럼이 평화를 재건하기 위한 조치들을 취하게 될 것이다.

규모가 작고 방어를 목적으로 무장한 지역적 방위 체제는 일련의 상호 불가침 협정에 의해 보강될 수 있을 것이다. 불가침 조약은 우선적으로 어느 한 대륙 혹은 아대륙 subcontinent에 있는 모든 군대들 사이에 체결될 수 있을 것이다. 그리고 다음에는 안보 조약을 체결한 지역 내 당사자들 사이에 대륙간의 불가침 조약이 체결될 수 있을 것이다. 이처럼 균형 있게 배치된 전세계적인 안보 체제가 성립된다면, 지역적인 분쟁이 발생할 때마다 미국이나 기타 강대국의 힘을 요청할 필요가 없을 것이다. 그리고 인류는 지금까지 민족국가 체제를 근근히 유지시켜 온 불완전한 공포의 균형에 의존하는 것보다 생존할 수 있는 가능성이 더욱 클 것이다.

또한 지역적인 안보 체제를 통해 더욱 번영할 수 있는 기회가 마련될 것이다. 지역 경제체들은 엄청난 비용이 투자되는 군대 시설을 유지해야 하는 부담에서 벗어나서 인적 자원과 재정 자원을 생산적인 목적에 사용할 수 있을 것이다. 최근 일고 있는 〈평화 배당금〉에 대한 논의에서 보듯이, 그에 따른 이점은 상당할 것이다.

목표 4 : 환경 협력에 관한 협약

뚜렷한 목적의식을 가지고 신속하게 협약을 이끌어내야 하는 두번째 분야는 환경 분야이다. 이와 같은 맥락에서, 무엇보다도 중요한 것은 우리가 말하는 〈환경〉이 도대체 무엇인가를 적절하게 규정해야 한다는 사실이다. 환경은 단지 새, 벌, 꽃, 그리고 나무 등을 의미하는 것이 아니다. 개별적인 종들이 그 자체로서 그리고 자연의 다양성의 일부로서 중요한 것처럼 환경 역시 중요하다. 환경을 통해 우리는 하나의 전체로서의 생활권을 이해해야만 한다. 전체 체계인 생활권에서 인간과 자연은 필수불가결한 요소들이며 상호 의존적인 동반자 관계에 있다.

생명이 있는 다른 종들과 마찬가지로 인류는 기본적으로 생활권의 균형이 적절하게 유지될 때에만 생존할 수 있다. 많은 부분에서 이와 같은 균형이 심각하게 파괴되었다. 우리는 지금 전지구적인 차원에서 더욱 높은 열적 평형 상태로 나아가고 있다. 즉, 온실 효과가 이미 돌이킬 수 없는 지경에 도달했다. CFCs를 사용함으로써 오존층이 얇아졌다. 이것 역시 가역성의 문턱을 완전히 넘어버렸다. 즉, 더 이상 돌이킬 수 없게 된 것이다. 우리는 수없이 많은 종들을 멸종시켰고 그것들은 결코 재생될 수 없을 것이다. 우리는 지구 전체 지표면의 1/3을 황폐화시키고 있으며 이미 일부 열대 우림 지역의 운명을 결정지어 버렸다. 우리가 저질러 놓은 파괴의 정도는 시간이 지나면서 극명해질 것이다. 이것은 단지 시간 문제에 불과하다. 그러나 그때까지 기다리는 것은 어리석은 일이다. 왜냐하면 하루하루 시간이 지날 때마다 그와 같은 과정을 회복시키는 것이 점점 더 어려워지기 때문이다.

2020년이 되면 생활권의 퇴화가 어느 지점까지 도달하게 될지는 모르지만 이미 환경 보호가 절실하게 요청되고 있다는 사실은 분명하다. 이것은 지구적인 문제이며 따라서 세계적인 대응책을 찾아야만 한다. 환경 분야만큼 우리가 〈지역적인 이해관계에 따라서 행동하는 것〉 이상으로 〈전지구적인 차원에서 생각하는 것〉이 절실하게 요청되는 분야는 없을 것이다. 전지구적인 사고는 결코 추상적이고 이론적인 것이 되어서는 안 된다. 즉, 그것은 모든 국가와 공동체들이 합의한 통합적인 행동으로 구체화되어야 한다. 21세기의 세계는 인간의 탐욕은 물론 근시안적인 생각으로부터 자연을 보호해야만 한다.

전지구적인 차원의 생태학적 행위는 1992년 리오 환경회의의 의제 21에 명시된 쟁점들을 그 기반으로 할 수 있다.

　❋ 기술 이전의 조장 및 촉진과 그에 대한 재정 지원
　❋ 지구의 황폐화를 막을 수 있는 국제적 협약을 기초하기 위한 정부간 협상위원회의 구성
　❋ 안전하며 환경을 파괴하지 않는 에너지 개발과 효율적인 소비 행위의 정식화
　❋ 해양법에 관한 국제연합 UN의 협약과 일치하는, 이동성이 강한 어류의 보존 및 관리에 관한 국제회의

　그 뒤를 이어 나온 환경 및 개발에 관한 리오 선언 Rio Declaration on Environment and Development은 다음과 같은 일반적 원칙들을 천명하였다.

　❋ 국가는 자국의 자원을 개발할 수 있는 주권을 지니고 있으나 다른 국가들의 환경을 파괴하지 않아야 한다.
　❋ 빈곤을 타파하고 세계적인 차원에서 생활 수준의 불평등을 줄이는 것이 절대적으로 필요하다.
　❋ 지속적인 개발을 위해서는 여성의 완전하고 본질적인 참여가 요구된다.
　❋ 국가들은 더 이상 유지할 수 없는 생산 및 소비 패턴을 줄이고 제거해야 하며 적절한 인구통계학적인 정책들을 증진시켜야 한다.
　❋ 오염을 유발하는 자들이 오염의 비용을 부담해야 한다.
　❋ 모든 국가들은, 특히 선진국들은 숲을 복원하고 보존함으로

써 세계를 푸르게 하도록 노력해야 한다.

　이와 같은 쟁점과 원칙들은 세 가지 부류의 세계적인 협약을 자극할 수도 있다. 그중에서 첫번째 협약의 목표는 채광과 자연 자원의 사용을 규제하는 것이다. 오늘날 주권 국가들은 산림과 습지대, 경작지, 강, 호수, 그리고 자국 영토 및 대륙붕 밑에서 발견되는 금속, 광물, 연료 등에 대해서 절대적인 소유권을 주장하고 있다. 이러한 자원들을 추출하고 사용함에 따라서 자연이 파괴된다는 사실은 놀랄 만한 일이 아니다. 로마법에는 〈사용할 수 있는 권리는 동시에 남용할 수 있는 권리〉라고 명시되어 있다. 그러나 만일 다음 세기의 공동체들이 그들의 영토에 대해서도 무조건적인 주권을 주장하지 않는다면, 그들은 환경의 일부에 대해 배타적인 재산권을 주장하지 않을 것이다. 즉, 모든 환경을 그들에게 신탁된 귀중한 자원으로 보게 될 것이다. 사용할 수 있는 권리가 남용할 수 있는 권리를 포함하지는 않을 것이다.

　또한 자연의 이용 및 남용과 관련된 쟁점들은 특정 국가나 공동체의 지배권 밖에 있는 영토와도 관련되어 있다. 대륙붕 밑에는 산업적으로 가치 있는 금속과 광물들이 많이 매장되어 있고, 북극 지방에는 천연가스와 같이 부가가치가 높은 자원들이 많다. 국가 혹은 기업의 탐욕과 단견으로 인해 이와 같은 지역을 비가역적으로, 즉 돌이킬 수 없도록 황폐화시켜서는 안 된다. 만일 우리가 자연의 청지기라는 원칙을 받아들인다면, 자연이 우리의 거주 범위 내에 있든 그렇지 않든 우리는 청지기로서의 직분을 받아들여야 한다. 만일 우리가 자연에 대한 소유권을 주장하지 않는다면, 우리는 모든 자연 자원을 현세대와 미래 세대의 공동 이익을 위해 사용해야 하는 집합적인 유산으로 간주할 수 있을 것이다.

　두번째 협약은 부주의한 간섭으로부터 자연의 균형과 재생산 사이클을 보호하는 것을 목적으로 하고 있다. 그러한 협약들은 적어도 다음과 같은 내용을 포함해야 할 것이다.

　＊ 인공 가스로 오존층을 파괴하며 지구의 열이 대기 중으로 방출되는 것을 차단하는 CFCs의 배출에 대한 엄격한 통제 조치를 마련하고 이를 시행하는 것
　＊ 이산화탄소를 발산하며 지구 둘레에 열의 발산을 차단하는 담요층을 형성하는 석탄, 석유 및 가스 연소에 대한 통제 조치를 마련하고 이를 시행하는 것
　＊ 온실 효과를 야기시키는 것으로 확인된 다른 가스(탄소와 일산화질소, 탄화수소 그리고 메탄 등)의 사용 범위를 정하는 것
　＊ 연료용 나무를 재생시키는 동시에 이산화탄소를 흡수할 수 있는 나무 심기 프로그램을 계획하고 이를 실행하는 것
　＊ 지구 지표면의 10%를 유전적 자원의 현지 보존을 위한 보호 구역으로 지정하는 것
　＊ 인구 과밀 지역에 대한 토양 보존 프로그램을 실행하는 것

　이러한 협정들은 환경에 관련된 비상 사태에 대처할 수 있는 능력을 창출하고 유지하는 것을 목표로 하는 세번째 협정에 의해서 보완될 수 있을 것이다. 그 구체적인 내용들은 다음과 같다.

　＊ 극지방의 만년설이 녹기 시작할 경우 홍수의 피해를 입기 쉬운 지역들을 정확하게 파악하는 것

❋ 해수면의 비가역적인 상승으로 위협을 받는 해안 지역 주민들에게 경보를 발령하고 또한 필요한 경우에는 이들을 다른 지역으로 소개시키는 것

❋ 기상 패턴의 변화에 영향을 받는 농부들을 재교육시키고 이주시키는 것

❋ 생태계의 재앙이나 대이변이 일어날 경우에 대처할 수 있는 적절한 구조 능력을 갖추는 것

목표 5 : 개발 협력에 관한 협약

1992년에 국제연합에서 발표한 「인간 개발 보고서 *Human Development Report*」는 세계가 근본적으로 전지구적 협력이라는 새로운 비전을 필요로 하고 있다고 지적한 바 있다. 지원금의 만성적인 불평등 분배, 채무의 누적, 경기 침체, 폐쇄적인 시장 등 여러 가지 이유 때문에 대부분의 제3세계 국가들의 경우에는 경제적, 사회적 성장이 확고한 뿌리를 내리지 못했다. 보고서에 따르면, 외국 원조가 중요한 역할을 할 수 있지만 이것 또한 심각한 허점을 드러내고 있다. 예를 들어, 세계 빈민의 절반이 살고 있는 남부 아시아에서는 1994년에 1인당 약 5달러의 지원금을 받았던 반면에, 임금 수준이 이 지역의 3배인 중동에서는 1인당 55달러의 지원금을 받았다. 막대한 군사비를 지출하고 있는 국가들이 그렇지 않은 국가들보다 1인당 평균 2배 이상의 외국 원조를 받는 경우도 있다. 산업화된 국가들은 자국의 빈민층을 구제하기 위해 국민 소득의 25%를 소비하고 있지만, 개발 도상 국가들을 위한 빈민 구제 프로젝트에는 채 1/3도 안 되는 원조금을 지출하고 있다. 기본적인 건강 관리, 안전하게 마실 수 있는 식수, 교육, 공중 위생,

가족 계획 및 영양 섭취 등 인간 생활에 기본적인 최우선 항목에 대한 국가간 연합 원조 총계는 쌍무국 원조가 약 7% 그리고 다수의 국가들이 참여하는 원조가 10% 정도에 불과하다.

국제연합 보고서는 다음과 같은 내용의 의제를 가지고 개발에 관한 세계 정상 회담 World Summit on Development을 제안했다.

※ 채무 구제, 약물에 대한 통제, 식품 안전 등 전지구적인 발전과 관련된 쟁점들에 대한 정책틀을 수립할 수 있는 국제연합 개발보장이사회 UN Development Security Council의 설치

※ 전지구적인 중앙 은행의 설립 — 물가와 환율을 안정시키고, 국제적인 신용 거래를 동등하게 보장하며, 전지구적인 잉여 생산물을 골고루 배분하고, 가난한 국가들에게 필요한 현금 및 차관을 제공

※ 누진 소득세 — 부유한 국가로부터 자동적으로 세금이 징수되어 그것을 필요와 소득 정도에 따라 가난한 국가들에게 배분

※ 물가를 안정시킬 수 있는 국제적인 무역 기구를 통해 모든 형태의 무역을 장려하는 것

이러한 제안이 오늘날 실현될 수 있는 가능성은 적다. 그러나 문제가 더욱 심각해지고 이를 해결하기 위한 노력이 경주된다면 장차 실현 가능한 것이 될 수 있다. 여하튼 안보, 환경, 정치 및 발전 등과 같은 핵심 영역에서 전지구적 차원의 세심한 협약이 필요하다는 것을 인식할 때가 되었다. 이러한 협약은 인간의 필요에 민감하고, 인간의 목적에 적합하며, 손상되기 쉽고 복잡하게 뒤얽힌 생활권의 생산적인 사이클 내에서 지속될 수 있는 전지구

적인 총체제를 가져오게 될 것이다. 그러한 가치들이 함양되는 가운데 제약적 조치들은 점점 사라질 것이다. 개인과 사회 사이의 접촉이 늘어나는 동시에 강화되겠지만 그것이 인간과 사회를 구속하지는 않을 것이다. 오히려 인간은 효과적으로 관리할 수 있는 통합된 정보망과 경제, 사회 및 문화적 교류를 통해 힘과 능력을 구비한 문명의 새 시대를 기대할 수 있을 것이다.

진화와 퇴보 사이의 선택 그리고 더 나아가 전지구적인 위계제를 향한 진화냐 아니면 전지구적인 총체제를 향한 진화냐 하는 것 사이의 선택은 여전히 우리에게 달려 있다. 앞에서 제시한 〈비전 2020〉 전략을 정교하게 다듬는 노력 속에서 진화를 이끌어낼 수 있는 우리의 능력이 발전할 수 있다. 그러나 그러나 그와 같은 노력이 어느 한 개인에 의해서 이루어질 수는 없다는 사실은 분명하다. 즉, 그것은 많은 사람들의 생각이나 다양한 문화와 관련된 것이어야 한다. 그렇게 된다면 오늘은 단지 관념적인 것에 불과한 계획과 아이디어들이 내일에 가서는 실제 현실이 될 수 있을 것이다. 심지어는 이러한 기적들조차도 우리 시대의 창조적인 혼돈 속에서 얼마든지 벌어질 수 있는 것이다.

제 7 장

과학, 예술, 종교 및 교육의 대연합

프랑스 대혁명과 나폴레옹 전쟁이 끝난 19세기 초, 유럽인들은 세계적인 기독교 국가 공동체를 창설하기 위해 〈신성 동맹 Holy Alliance〉을 결성했다. 나폴레옹 전쟁 당시의 역할이나 운명에 관계없이 기독교 국가임을 천명하는 모든 국가들은 얼마든지 동맹에 가입할 수 있었다. 결국에는 이러한 신성 동맹이 해체되기는 했지만 지속적이고 광범위한 이익을 지닌 집단 안보 체제를 탄생시켰던 것은 사실이다.

우리는 여기서 배울 점이 있다. 신성 동맹을 촉발시킨 것과 같은 강력한 의지와 동기가 오늘날 우리에게도 필요하다는 점이다. 그러나 금세기의 마지막 순간에 우리에게 필요한 것은 성스러운 동맹이 아니라 〈전체적인 연합〉이어야 한다는 사실이다. 이와 같은 대연합은 두갈래치기가 다가오고 있다는 공통된 도전에 직면해 있는 과학, 예술, 교육 및 종교 영역에서 일고 있는 새롭고 진보적인 추세들을 연계시키기 위한 것이다. 이것은 1969년에 최초의 우주인을 달에 착륙시킨 아폴로 호의 사명과 흡사한 하나의 거대한 사회적인 사명이다. 이와 같은 대연합은 몇몇 남성들을 달에 착륙시키는 것이 아니라 다음 시대의 모든 남성과 여성들을 여기 이 지구에 착륙시키는 데 기여해야만 한다.

그렇다면 이것은 실행 가능한 그리고 더 나아가 바람직한 사명인가? 사람들은 과학, 예술, 종교와 교육을 마음대로 이용할 수 있는가 그리고 그렇게 해야만 하는가? 이것은 관습을 설계하는 문화적인 변화와 맞먹는 것이 될 것이다. 하지만 이러한 시도를 꿈꾸었던 역사적인 선례들은 고무적인 것이 못 된다. 19세기에 마르크스와 엥겔스는 독일과 영국의 자본주의 문화를 변화시키기 위해 과학을 이용하고자 했다. 만일 마르크스와 엥겔스가 20세기의 러시아를 변화시키는 데 성공했다면, 그것은 과학 때문에 가능했던 것이 아니다. 오히려 그 이유는 전제 정치를 무너뜨린 레닌이 권력 정치를 보강하기 위해 마르크스와 엥겔스의 이론을 이용했기 때문이다. 스탈린은 구소련에서 부르주아 문화의 잔재를 제거하기 위해 〈과학적 사회주의〉를 이용하려고 했다. 하지만 그의 무자비하고 거대한 선전 기구에도 불구하고 스탈린 역시 실패하고 말았다. 마오쩌둥은 중국 전통 문화의 잔재를 일소하기 원했고 자신의 사상을 모든 국민에게 전파하고 싶어했다. 이를 위해 홍위병들을 자신의 사상으로 철저하게 세뇌시켰고 폭력을 사용하기도 했지만 그 역시 실패하고 말았다. 선의든 악의든 정치가나 독재자들은 사람들의 사고 방식과 행동 양식을 바꿀 수 있는 예술, 과학, 교육, 종교의 힘을 인식하고 있었다. 그러나 아무도 성공한 적이 없다. 그렇다면 이것은 장차 우리가 꿈꾸고 있는 비슷한 시도에 대하여 어떤 교훈도 줄 수 없는 것인가?

분명 그렇지는 않다. 그러나 문화를 의도적으로 변화시키기 어렵다는 사실이 문제를 복잡하게 만들 수는 있다. 결국 우리에게 필요한 것은 우리 자신과 우리의 환경, 사회 및 미래에 대하여 생각하는 방식을 근본적으로 변화시키는 것이다. 만일 우리 스스로는 변화하지 않으면서 정책과 기술만을 변화시킨다면, 우리의 상황을 진전시킬 수 없는 것이다. 그것은 지속적인 효과가 없는 단지 일시적인 미봉책에 불과할 뿐이다. 우리의 사고와 행위를 지배하는 가치와 신념이 근본적으로 변화될 때만 지속적인 효과를 낳을 수 있을 것이다. 하지만 그와 같은 변화는 문화의 변환, 즉 〈문화적 진화〉에서 하나의 도약과 같은 것이다.

다행스럽게도 문화적 진화는 모택동의 문화혁명과는 달리 〈위로부터〉 강요될 필요가 없다. 그것은 과학, 예술, 종교, 교육 등 각기 고유한 영역이 발전하면서 촉발될 수도 있으며, 대중들의 새로운 의식으로부터 지도적 위치에 있는 사람들의 사고 방식으로 퍼져나갈 수도 있다. 두갈래치기 시대에는 모든 사회 구조들이 매우 민감해진다는 사실을 상기할 필요가 있다. 그것들은 사소한 요동에도 영향을 받아 변화하게 된다. 문화 또한 예외가 아니다. 지나친 성장이 일어나고 있는 우리의 수련 연못에서도 새로운 생각과 가치들이 —— 비록 처음에는 사소하고 무력한 요동들이라고 할지라도 —— 점점 풍부해지고 있다. 일단 요동이 일어나기 시작해서 새로운 생각이나 가치들이 부상하게 되면, 그들 가운데 일부는 폭넓은 계층에 속한 사람들의 상상력을 사로잡고 지배적인 사고 방식 및 행동 양식을 변화시키기 마련이다. 만일에 역사적으로 적합하고 인간에게도 유익한 추세를 북돋우는 생각이나 가치들이 떠오르게 되면, 그것들 또한 확산되어 문화적 변화에 영향을 줄 것이다. 문화적인 진화를 자극하기 위해 독재자의 힘을 빌릴 필요가 없다. 가치와 신념에 관련된 가장 적절한 요동들을 만들어내고, 온갖 아이디어와 다양한 정치·사회적 운동들이 경쟁을 벌이고 있는 소용돌이 속에서 그것들을 지지하는 것만으로 충분하다.

우리가 직면한 혼돈 시대의 도전은 이미 계획된 어떤 목적을 성취하기 위해서 과학, 예술, 종교, 교육 등을 이용하는 것이 아니다. 만일 이렇게 이해한다면 그것은 비극적인 실수를 자초하게 될 것이다. 도전에 대한 응전은 더욱 겸손한 것이 되어야 한다. 그것은 자발적인 문화의 진화에 의존하며 마치 〈국민의 힘〉처럼 스스로를 구성하는 것이 될 것이다. 이를 위해서는 과학자, 예술가, 종교 지도자, 교육자들이 그들의 사회적 의식을 함양해야만 한다. 이것은 결코 비합리적이지도 않고 강제성을 요구하지도 않는다. 그것은 다만 이미 예술, 과학, 교육 및 종교계의 의식 있는 사람들 사이에서 출현하고 있는 책임감의 소생과 부활을 요청하고 있는 것이다. 아울러 이것은 지도적인 위치에 있는 사람들의 이해와 지지를 바탕으로 할 때, 새로운 동기를 유발하고 그 사회적인 영향력을 파급시킬 수 있을 것이다. 만일 문화를 이끄는 주체들이 문화적 진화의 책임 있는 동인으로서 행동한다면, 그 결과는 더 이상 우연에 의해서 좌우되지는 않을 것이다. 그것이 〈위로부터〉 지지를 받을 수는 있겠지만 강요되어서는 안 될 것이다. 그 동기와 영감은 〈아래로부터〉, 즉 현대 문화의 구조 자체 내에서 생겨나야 하는 것이다.

과학의 역할

보수적인 과학 공동체의 냉담함과 내향성은 과학자들의 변덕스런 성격에서 기인하는 것이 아니다. 그것은 역사적으로 깊고 오랜 뿌리를 가지고 있다. 이것은 16−17세기 근대 과학의 기원으로 거슬러 올라간다. 인본주의적인 유럽 문화가 중세 기독교의 지배로부터 해방된 것이 바로 그 당시였다. 처음에는 종교적 교리의 영향이 매우 강해서 초기 과학적 사고의 정향은 기독교에 대한 반작용의 색채를 띠게 되었다. 과학은 불편부당하고 중립적인 것이 되어야만 했다. 즉, 과학은 교황의 신성한 권위를 침해하지 않는 것이어야 했다. 이러한 관점에서, 지오다노 브루노Giordano Bruno와 갈릴레오의 재판은 과학적 탐구에 대해서 중세 정신이 어떠한 힘을 지니고 있었는지를 극명하게 보여준 증거라고 할 수 있다. 초기의 과학은 사회에서 벌어지고 있는 일들에 개입하지 않고 독립성과 중립성을 표방함으로써만 성장할 수 있었다.

그러나 이와 같은 가정은 명백히 잘못된 것임이 밝혀졌다. 즉, 과학은 현대 문명을 형성하는 데 있어서 매우 큰 영향력을 행사한 것 가운데 하나가 되었다. 종교적 영향으로부터 벗어나 중립성을 견지하고자 희망했던 과학이 오히려 종교보다도 훨씬 더 강력한 영향력을 행사해 온 것이다.

제2차 세계대전 이후 몇 년 동안, 이전보다 훨씬 더 많은 과학적 이론들이 실용적인 기술로 변환되었다. 자연과학의 영향은 사회과학 분야들, 특히 경제학의 영향에 필적하는 것이었다. 과학은 진리를 탐구하는 것과는 동떨어진 매우 중요한 사회적, 경제적, 정치적 활동임이 밝혀졌다.

　오늘날 과학적 중립성과 무사심성이라는 관념은 역사에 위임되어야만 한다. 이것은 과학적 객관성의 포기를 의미하는 것이 아니라 다만 그 한계를 인정해야 한다는 것을 의미한다. 과학자들이 연구를 수행하기 위해 사회에 의존하는 한, 그들은 사회적인 우선순위에 영향을 받게 될 것이다. 그리고 만일 과학자들이 인간과 사회에 적용될 수 있거나 혹은 인간과 사회에 대해 어떤 의미를 함축하고 있는 문제들에 대해 관심을 가지고 있는 한, 그들은 이것을 의식하든 의식하지 않든 문화적 변화의 동인이 될 것이다.

　1990년대를 통틀어 적절한 과학적 지식에 대한 요구는 지대할 것이다. 즉, 과학자들이 고려해야 하는 중대한 문제들이 수없이 많을 것이다. 과학적 연구가 기여할 수 있는 주요한 문제들은 무엇인가? 거기에는 틀림없이 다음과 같은 것들이 포함될 것이다. 즉, 환경을 파괴하지 않는 차세대 대체 에너지 자원의 개발, 농업 생산과 식품 처리 기술의 개선, 동식물의 유전자적 다양성에 대한 연구, 동물과 식물 및 환경의 보전에 관련된 바이오테크놀러지의 연구, 공중 위생의 개선, 특히, 말라리아, 간장염, 에이즈, 그리고 인류에게 엄청난 부담을 야기하는 기타 전염병을 퇴치할 수 있는 효과적인 의약품과 백신의 개발 등이 과학적 연구가 기여할 수 있는 부분들이다. 또한 다음과 같은 주제에 대한 연구도 필요하다. 즉, 생태학적 퇴화, 표토의 유실, 그리고 목초지의 황폐화를 막을 수 있는 토지 이용 방식의 개선, 유역과 지하수를 보호할 수 있는 보다 효율적인 제도적 장치, 쓰레기 처리와 환경 구제 및 오염을 줄일 수 있는 신기술의 개발, 유해 물질의 배출을 줄일 수 있는 신물질의 개발, 그리고 시장의 힘을 이용해서 환경을 보호할 수 있는 효과적인 규제 조치 등 제반 문제에 대한 연구가 필요하다.

자연과 전세계적인 종의 다양성에 대한 이해에 또한 많은 관심을 기울여야 한다. 비록 우리가 생산성을 유지하기 위해서 생물학적인 다양성에 직접적으로 의존할 수밖에 없다고 할지라도, 최근에 나타난 다양성의 감소 추세는 지난 6500만 년과는 비교할 수 없을 정도가 되었다. 생물학적 다양성의 상실은 전지구적으로 가장 빠르게 나타나고 있는 변화 가운데 하나다. 이것은 비가역적인 변화로서 인류의 미래에 심각한 결과를 초래하고 있다.

과학은 또한 다음과 같은 질문에도 답해야 한다. 그대로 방치될 경우에 전지구적인 위기나 대량 파괴를 초래할 수 있는 힘들을 우리가 통제할 수 있을 것인가? 어느 한 국가나 어느 한 사회가 지배하지 않는 전지구적인 총체제를 창출하고 그것을 유지할 수 있을 것인가? 사람들을 서로에게 종속시키지 않으면서 상호작용과 의사소통을 할 수 있을까? 더 나아가 약하고 보다 순진한 (혹은 정직한) 사람들이 더 강하면서 덜 양심적인 사람들에게 종속되지 않고서도 그렇게 할 수 있을까? 인구, 도시, 권력, 그리고 부의 성장을 효과적으로 제한할 수 있을까? 기술 자체가 하나의 목적이 되거나 기술 그 자체의 필요와 요구에 따르기보다는 기술이 인간의 요구와 목표에 봉사하도록 통제할 수 있을까? 수많은 사람들이 한정된 지구 공간에 살면서 더욱이 고도의 의사소통이 이루어지고 있는 상황 속에서 사생활을 보호하고 개인적 공간을 확보할 수 있는 방법이 있을까? 생태계를 비가역적으로 파괴하지 않으면서도 100억 이상의 인구가 이 지구에서 살 수 있을까? 그리고 다른 무엇보다도 사람들이 관용과 상호 존중의 자세로 이 지구를 공유할 수 있을까? 미래의 사회는 다양화되고 다원적인 사회가 될 것이다. 그것은 또한 탈집중화되고 국민 대중이 중심이 되는 사회가 것이다. 이것은 전지구적인 차원의 통합과 아울러 지역적인 자율성을 존중하는 총체제적인 체계를 의미한다. 그러한 체계가 어떻게 작동하는가를 이해하기 위해서는 그것을 모델로 나타내야 한다. 그러나 여기에 필요한 모델들은 20세기를 지배했던 사회 체계 모델과는 다른 것이 될 것이다. 20세기 모델들은 서구 문화 하나에만 의존한 것이었고 그리고 서구적 합리성이라는 한 가지 형태의 합리성에 기초해서 개인적, 제도적 행위들을 가정해 왔다.

과학자들에 대한 요구는 매우 크다. 그리고 이러한 요구는 사회과학과 자연과학을 망라해서 마찬가지이다. 이것은 사회학자나 정치학자들만의 문제는 아니다. 그것은 또한 생태학자, 도시학자, 심리학자, 인구통계학자, 경제학자, 화학자, 물리학자, 그리고 인공두뇌학자, 체계과학자들에게도 해당되는 문제이다. 최근의 학문적 경계 내에서는 어떤 학자들도 이와 같은 문제들에 대해서 성공적으로 대처할 수 없다. 이들은 전통적으로 과학을 인간의 문제에 적용하는 학제적인 프로젝트들을 기꺼이 수행하려고 하지 않았다. 그러나 지금은 상황이 변하고 있다.

학문적 경계는 영구불변한 것이 아니다. 그것들은 과거의 유산이며 지금은 이미 시대에 뒤떨어진 것이 되었다. 새로운 과학적 탐구 분야들(예컨대, 신물리학, 신생물학, 신체계과학 등)은 다양성을 그 특징으로 하는 세계 속에서 통일적 요소들을 찾고 있고 또한 실제로 발견하고 있다. 거기서 발견된 사실들은 세계의 모습과 확실히 일치하고 있다. 즉, 우주는 통합성과 복합성을 지닌 더욱 높은 단계로 진화하기 위해서 발전적인 자기 구성을 하고 있다는 사실이 확인되었다. 최근의 과학혁명은 중세 지구 중심의 우주관

150

을 태양 중심의 근대적인 관념으로 대체한 것만큼이나 위대한 것이다. 그리고 더 나아가 인간과 사회 현상에 대해서 훨씬 더 풍부한 의미를 함축하고 있다. 이러한 과학혁명이 전개됨에 따라 과학은 점점 더 지대한 사회적 관련성을 획득하고 있다. 과학이 인간의 관심사에 관련되어 있다는 사실은 결코 나쁜 것이 될 수 없다. 오늘날 많은 과학자들이 인식하고 있듯이, 실제적인 유용성과 훌륭한 지식은 상호 배타적인 것이 아니다. 자연과 사회를 통합하는 이론들은 유용한 정보를 얻을 수 있는 확실한 근거가 될 뿐만 아니라 좋은 과학을 만들어가고 있는 것이다.

예술의 역할

예술가들은 르네상스 시대를 창조한 최고의 설계자들이었다. 그들의 인간과 사회에 대한 관련성은 아직도 줄어들지 않고 있다. 지금과 같은 요동과 두갈래치기의 시대에 예술가들의 사회적 책임은 과학자들 못지않게 크다. 그러나 이미 지적한 바와 같이, 현대의 일부 예술가들은 보수적인 과학자들보다도 사회적 관심사로부터 더욱 멀어져 왔다.

과학과는 달리 예술과 사회의 분리는 20세기에 전형적으로 나타난 현상이다. 그 이전까지 대부분의 예술가들은 통합된 개체들이었다. 그들은 분리할 수 없는 인간적, 사회적, 정치적 그리고 예술적인 관심을 가지고 있었다. 아리스토파네스 Aristophanes에서부터 발자크 Balzac에 이르기까지 모든 문필가들은 이와 같은 총체적인 관심을 강조해 왔다. 피카소의 「게르니카 *Guernica*」는 이와 같은 입장을 매우 설득력 있게 증거하고 있다. 실러 Schiller는 진리는 또한 아름다움으로써 이해될 수 있다는 플라톤의 주장을 되풀이하고 있다. 「예술가들 *The Artists*」이라는 시(詩) 속에서 실러는 다음과 같이 묘사하고 있다. 〈우리가 여기서 아름다움으로 인식한 것들을, 우리는 언젠가 진리로 만나게 될 것이다.〉 발자크는 나폴레옹이 칼로 시작한 것을 펜으로 완성해야 한다고 주장했고, 괴테와 바그너 Wagner는 그들의 작품을 통해 사회적, 문화적 메시지를 전달하는 데 주저하지 않았다.

헤르만 헤세, 사르트르 Jean-Paul Sartre, 이오네스코 Eugene Ionesco 같은 문학가들은 이와 같은 전통에 헌신적이었으나, 많은 예술 영역이 사회에 대한 관심으로부터 대체로 분리되어 왔다. 음악, 미술, 조각, 심지어 춤조차도 〈내적인〉 법칙과 의미를 찾아서 더욱 내부로 그 방향을 바꾸었다. 예술은 사회를 말해야 한다는 통상적인 관념을 가장 신랄하게 풍자한 사람은 쇤베르크 Arnold Schönberg였다. 그에 의하면, 그것이 예술이면 그것은 모두를 위한 것이 아니고 그것이 모두를 위한 것이면 그것은 예술이 아니다. 오늘날의 많은 전위예술가들은 이러한 정서에 공감하고 있다. 스톡하우젠 Stockhausen이나 블레즈 Boulez의 음악은 보통 사람들은 이해할 수 없다. 어떤 열성 팬의 말처럼, 악보를 분석하기 전까지는 곡이 좋은지 어떤지를 알 수 없다. 유명한 갤러리에 작품이 걸려 있고 엘리트 예술가 서클 내부에 명성이 자자한 화가들과 조각가들의 경우도 마찬가지이다.

예술가가 매우 훌륭한 동시에 유명해지는 것이 갈수록 어려워지고 있다. 1913년에 스트라빈스키 Stravinsky의 「봄의 제전 *Rites of Spring*」은 모든 사람들에게 벅찬 감동을 불러일으켰다. 그러나 1993년에 전위 작품이 처음으로 공연되었을 때는 단지 극소수의 비평가들만이 관심을 보였고 소수의 추종자들만이 경외심 어린 찬사를 보냈다. 예술 작품은 예술가의 명성에 따라 가치가 매겨진다. 예술 작품은 투자 대상이다. 사람들은 특별한 이유 때문에 미술관, 박물관, 공연장을 찾고 오페라를 보러 간다. 그것은 교육의 일부이거나 아니면 사회 생활에 필요한 적당한 일에 불과하다.

20세기의 많은 예술가들은 사회를 관객으로 보고 있지 있으며, 사회는 고상하거나 심각한 예술에서 즐거움을 찾는 것을 단념했다. 물론 모든 사람들이 위대한 예술을 향유했던 것은 결코 아니다. 심지어는 18-19세기에도 마찬가지였다. 그러나 당시에는 예술을 향유하는 것이 왕실이나 궁정에만 한정되어 있었고 이것을 후원한 것은 귀족들이었다. 선도적인 일부의 예술가, 비평가, 그리고 역사가들이 사회적 관련성을 저버린 채 내부로만 파고들지 않는다면, 오늘날에는 훨씬 더 많은 관객들이 모든 종류의 예술을 향유할 수 있을 것이다.

중대한 선택을 내리고 유일한 기회를 살리기 위해 사회의 창조적 정신이 결집되어야만 하는 시대에 이와 같은 태도가 계속되어서는 안 된다. 결국 위대한 예술은 상상력을 자극하고, 인간 본성과 사회 관계의 본질에 대한 신선한 통찰력을 이끌어내며, 목표와 이상을 선택하는 지침을 제공해야 하는 것이다.

그러나 예술이 사회적인 대의명분에 봉사해야 한다고 말하는 경우에는 다음과 같은 당혹스런 문제가 제기될 수 있다. 즉, 이러한 요구가 예술의 자유와 자율성을 침해하는 것은 아닌가? 자신들이 선택한 매체를 통해서 스스로를 표현하는 예술가들의 일차적인 관심사를 그것이 간섭하지는 않을 것인가?

1950년대에는 예술이 정치에 종속될 수 있다는 우려에 대해 의

문을 제기한 사람은 거의 없었다. 스탈린주의 예술로 알려진 〈사회주의적 사실주의〉는 저급한 선전과 훨씬 더 초라한 예술을 낳았다. 중국, 아프리카 혹은 남미 등지에서의 혁명적인 예술 역시 정치적인 대의명분을 조장하는 데 봉사함으로써 예술의 고결성을 잃어왔다. 정치에 봉사하는 예술은 이익을 추구하는 예술만큼이나 나쁘다. 비록 비엔나, 런던, 파리나 베를린 거리에 예술적으로 훌륭한 벽보가 가끔씩 등장하는 경우도 있지만 대체로 상업적인 예술은 삽화와 다를 것이 없다. 그렇다면 예술가는 사회적 명분에서 멀리 떨어지지 않고서 예술의 고결성과 창조성을 유지해야만 하는 것인가?

1990년대의 중대한 시기에 이와 같은 질문은 매우 특별하고 절실한 문제이다. 지나친 정치적 예술은 지양해야만 한다. 그러나 이것은 예술이 사회로부터 분리되고 사회적 책임으로부터 면제되어야 한다는 것을 의미하는 것이 아니다. 비록 자기 표현이라고 해도 예술은 예술가 자신뿐만 아니라 폭넓은 대중들을 향해 있는 것이다. 아름다움에 대한 경험을 공유하는 것은 예술적인 창조성에서 필수불가결한 부분이다.

한때 사회 변화에 강력한 영향력을 행사했던 대중 예술과 대중 음악은 최근 10여 년 동안 현실적인 방향 감각을 상실한 채 그 어느 때보다도 더욱 저급한 요소들과 영합하고 있다. 영화는 냉소주의, 섹스, 폭력으로 가득 차 있고, 텔레비전은 어리석음의 극치를 보여주고 있다. 하지만 이러한 상황에서도 헌신적인 일부 예술가들은 사회 문제와 정면으로 씨름하고 있으며, 해묵은 문제들에 대해서도 새롭게 접근하는 등 과거와는 다른 추세가 나타나고 있다. 동구 유럽에서는 서구 팝 음악이 공산주의 체제에 대항해서 봉기하는 배경이 되었고, 프랭크 자파 Frank Zappa와 같은 록 음악계의 지식인들을 초청하기도 하였다. 뉴욕의 예술가인 우드지코 Krzystof Wodzico는 사회와 연관된 유익한 예술 활동을 하기 위해서 〈집 없는 자동차 Homeless Vehicle〉를 개발했다. 유명한 예술가이자 비평가인 가블리크 Suzi Gablik는 예술 그 자체를 위한 예술보다는 예술의 사회적 맥락을 중시하는, 이른바 〈동반자 예술 partnership art〉을 강조하고 있다. 많은 제3세계 국가에서는 예술과 미디어를 통한 혁신적인 교육 방법이 매우 커다란 성공을 거두었다. 예를 들어, 인도네시아에서는 그림자 인형극과 유랑 극단의 연속극 등 다양한 미디어들이 경제적, 과학적 문제뿐만 아니라 가족의 문제들을 해결할 수 있는 교육적인 수단으로 이용되어 왔다.

예술가들은 자유롭고 자발적이고 창조적일 수 있다. 그러나 그들 또한 사회와 관련을 맺고 있다. 그들의 예술 작품은 수많은 진화의 광채 속에서 우리가 어떻게 보고 어떻게 들어야 하는가를 그리고 인간의 실체를 파악할 수 있는 마음을 가르쳐 줄 수 있다. 위대한 예술가들은 새로운 것들을 친숙하게 만들고, 위협적인 것들을 인간적인 것으로 만들고, 깊이 생각하지 않는 것들을 구체화시키며, 폭넓은 가치와 이상을 창조해 낼 수 있다. 더욱이 예술 활동은 넓고 깊은 사회적 영향력을 행사하고 있다. 극장, 텔레비전, 그리고 활동 사진은 방아쇠 논쟁뿐만 아니라 국민적 열정에 불을 붙일 수도 있다. 무대나 스크린에 올려진 극적인 작품들은 예술 영역뿐만 아니라 사회에도 새로운 흐름을 가져온다.

현대 문명의 〈고상한〉 문화를 다 같이 표현하고 있는 예술과 과학은 이제 사회와의 관련성을 다시금 획득함으로써 인간주의적인 진화를 이끌 수 있는 거대한 엔진이 되어야만 한다.

종교의 역할

설령 과학과 예술이 인간에게로 관심을 돌린다 해도 신념 체계의 중요성을 간과할 수 없다. 과학은 신의 의지나 의도는 말할 것도 없고 궁극적 의미와 진리의 문제에 관해서 어떤 언급도 하지 않는다. 예술이 때로는 초월적인 의미를 지닌 주제들을 다루기도 하지만, 그것을 명료하고 체계적인 방식으로 취급하기보다는 단지 심미적이고 직관적인 방식으로 다룰 뿐이다. 요컨대, 인간에게는 과학적인 이성과 미적인 감수성 이상의 그 무엇인가가 존재하고 있다. 즉, 인간에게는 과학이나 예술이 충족시킬 수 없는 영적인 차원이 존재한다. 종교는 바로 이와 같은 문제에 답하는 것이다.

위대한 종교는 자아의 완성을 위한 수단을 제공할 뿐만 아니라 사회적 관계들을 조화시키는 지침이 되기도 한다. 종교적 전통 속에 나타나는 사회적, 보편적 요소들은 동양의 신념 체계는 물론 유대-기독교 신앙에서도 분명하게 나타나고 있다.

✸ 유대교에서는 인간을 계속되고 있는 창조 과업 속에 있는 신의 동반자로서 보며, 이스라엘 민족이 모든 민족의 빛이 되어야 한다고 주장한다.

✸ 기독교 교리의 핵심은 보편적인 신에 대한 사랑이다. 그리고 이것은 동료에 대한 사랑 그리고 이웃에 대한 봉사 속에 반영되어 나타나야 한다.

✸ 비록 이슬람 근본주의자들이 이교도와의 성전을 계속하고 있지만, 이슬람교 역시 우주적이고 보편적인 측면이 있다. 유일성을 단언하는 타히드 Tawhid라는 말은 〈신은 없고 단지 알라만 있

다〉는 종교적인 증거를 의미하며, 알라는 모든 인간에 대한 신의 현존과 계시의 상징이다.

※ 고등 종교 가운데서 유일하게 개인적인 창시자가 없는 힌두교는 다양화된 우주의 제일성 속에서 다양한 인류의 본질적인 제일성을 인식하고 있다.

※ 불교의 중심 교의는 〈연기성〉에 기초한 일체의 상호 연관성이다. 진보적인 불교도들은 이것을 상호 의존적인 오늘날의 세계에서 더 높은 형태의 통일을 성취하라는 명령으로 해석하고 있다.

※ 중국의 영적인 전통은 자연과 사회의 궁극적인 원리로서 조화를 존중하고 있다. 유교에서의 조화는 윤리적인 관점에서 인간 관계에 적용되는 반면에, 도교에서의 조화는 자연을 규정하고 인간과 자연 사이의 관계를 규정짓는 거의 미학적인 관념에 가깝다.

※ 새로운 세계 종교 가운데 하나로서 최근 급성장하고 있는 바하이 교 Baha'i faith는 전체 인류를 평화와 통일(바람직하면서도 또한 불가피한 상태)을 향한 진화의 과정 속에 있는 하나의 유기적 단일체로서 보고 있다.

위와 같은 것들이 세계 종교의 중요한 요소들이기는 하지만 거의 모든 종교에서 충분히 드러나지 않고 있다. 그 이유는 편협한 이해관계 또는 배타적인 진리에 입각해서 완성과 구원에 이르는 유일한 길을 주장하는 특정 종교들 사이의 경쟁으로 종교가 빛을 잃었기 때문이다. 종교가 지닌 보다 가치 있는 측면이라고 할 수 있는 보편성을 새롭게 강조하는 것이 종교적 교리와 상충되지는 않을 것이다. 그것은 종교적 교리들을 더욱 적절한 것으로 만들게 될 것이다. 위대한 종교 지도자나 선지자들은 종교가 〈그들의〉 시

대와 인간적으로나 사회적으로 관련된 것이 되어야 한다고 주장
해 왔다. 그들을 따르는 사람들은 그러한 가르침이 〈우리의〉 시대
에도 또한 적용되도록 해야만 할 것이다.

현대 종교가 오늘날 진정으로 사회적 관련성을 갖기 위해서는
인본주의적인 전통을 되찾아야 할 뿐만 아니라 우리 시대의 삶에
새로운 의미를 부여해야 할 것이다. 근본적인 교리로 되돌아가는
것이 이러한 목표를 성취할 수 있는 충분한 조건은 아니다. 문명
의 여명기 이후 위대한 종교들을 사람들에게 전파하고 고취시켜
온 아이디어들을 창조적으로 확장하는 새로운 발전이 이루어져야
한다.

이와 같은 발전의 기본적인 윤곽은 뚜렷하다. 먼저, 유대-기독
교 전통의 기본적인 관념 가운데 하나를 버려야 한다. 즉, 인간과
우주 밖에 있는 신이라는 관념을 포기해야 한다. 현대 인류의 신
은 위로부터 명령을 내리는 신이 아니라 인간 내부로부터 세계에
영감을 불어넣는 내재적인 신immanent God이 되어야 한다. 이러
한 관념은 낯선 것이 아니다. 이것은 모든 비서구적 종교가 지닌
기본적 관념이다. 기독교에서는 샤딘의 진화주의와 성 프란시스
St. Francis of Assisi의 자연주의에서 이러한 관념이 나타나고 있다.

그렇게 되면 우주가 스스로 창조되었다고 인정하며 이를 경축
해야만 한다. 이것은 하나의 도전 그 이상이다. 성서적 전통은 여
전히 진화하고 있는 실체와 타협하지 못하고 있다. 비록 개인의
영적인 발달에 관해서는 역사적인 관점을 취하고 있지만, 대부분
의 유대-기독교 전통은 인류의 진화에 관해서는 역사적인 관점을
결여하고 있다. 그러나 인류는 진화했다. 그것은 우주에서의 지구
의 진화 그리고 지구상에서의 생명의 진화라는 더 넓은 맥락 내

에서 발생하였다.

현대 신학은 확립된 불변의 우주를 지배하고 있는 신의 왕국을 대부분 인정하고 있다. 기독교 내에서 진화의 관념에 반대하는 일부의 경향은 유대-기독교 전통이 세계에서 일어나고 있는 근본적인 변화의 실체에 직면할 때 느끼게 되는 불편한 심기를 겉으로 드러낸 것에 불과하다. 오늘날에는 그와 같은 변화가 더 이상 간과될 수 없다. 우리는 지금 지구상의 모든 생명체에 영향을 끼치는 기본적이고 비가역적인 변환 과정의 한가운데에 있다. 서구의 종교들이 인간과 사회에 관련된 것이 되기 위해서는 불변의 세계 아니면 계절의 변화에 따라 새로워지는 세계에 대한 관점이 아니라 근본적으로 그리고 비가역적으로 진화하고 있는 세계에 대한 관점을 전달해야 할 것이다.

최근 들어, 고대 여신과 자연 종교가 새롭게 인식되고 있다. 이와 같은 추세는 남성으로서 표현되지 않는 혹은 자연의 지배와 관련이 없는 어떤 영적인 힘에 관심을 갖는 사람들의 요구를 반영하고 있다. 생태학적 여권주의 Eco-feminism는 이러한 추세를 잘 보여주고 있다. 이와 같은 사회 운동의 가장 근본적인 측면은 우주, 인간, 그리고 지구 자연과의 연계 및 연결을 꾀하고자 하는 절실한 요구라고 할 수 있다.

세계의 영적인 측면을 인식하고 선포하며 그 의미를 신자들에게 알리는 것이 위대한 종교의 역사적인 과업이었다. 다음 단계의 종교 발전에서는 영적인 측면에 대한 인식이 스스로 질서를 만들어가는 우주에 대한 이미지로 바뀌게 될 것이다. 토마스 베리 Thomas Berry와 같은 신학자들은 우리가 진화하고 있는 우주의 자녀들이라는 사실을 이미 상기시킨 바 있다. 우리는 우리 내부에 우주가 지금까지 거쳐온 모든 변환의 흔적을 간직하고 있다. 우리의 몸을 구성하고 있는 요소들은 내부 별들과 초신성의 폭발 과정에서 생겨난 것이다. 그것들은 별들 사이의 우주 공간으로 분산되었다가 원시별들이 새로운 별로 발생하는 곳에서 함께 합쳐진다. 지구 표면에 있는 요소들은 바로 이러한 별들로부터 생겨난 것으로 원시 바다에 있는 원시 생물과 분자들의 풍부한 결합을 통해서 생명체가 최초로 출현한 것이다. 그것들은 자기 유지적이고 자기 진화적인 지구 생활권의 실체를 구성하는 구조화된 연계망 속에서 일정한 사이클을 그리면서 수십억 년 동안 생명체에 관여해 왔다. 우주가 광선으로 가득 찼을 때에 쿼크와 광자를 탄생시키고, 팽창하고 있는 시공간으로 은하계와 별들을 응축시키고, 그리고 생명체를 지닌 혹성에 복잡한 분자들과 체계들을 창조한 바로 그와 같은 힘들이 우리의 신체에서 작용하고 있는 것이다. 그러한 힘들이 우리의 뇌에 정보를 제공하고 우리의 마음에 영감을 불어넣고 우주에 관한 새로운 지식들을 종합해 감에 따라서 자기 인식에 이르게 된다.

과학에서 정교하게 다듬어진 새로운 진화론적 지식은 종교를 통해서 심오해지며 인간적으로 의미 있는 것이 될 수 있다. 종교 공동체들은 우리가 지금 알고 있는 이 우주를 탄생시킨 최초의 불꽃을 경축할 수 있을 것이다. 그리고 우주 공간의 범위가 팽창하면서 발생한 광자와 미립자, 그리고 원자와 분자 사이의 급속한 결합을 경축할 수 있을 것이다. 이 은하계와 다른 은하계 속에 있는 아직 알려지지 않은 무수한 행성들은 물론이고 지구상에 나타난 생명의 전조이자 선구자라고 할 수 있는 분자와 원시 세포의 출현을 경축할 수 있을 것이다. 종교 공동체들은 우주가 우리의 확장된 자아라는 것을 인정할 것이다. 그리고 개인으로서 우리가 하는 여행은 세계의 획기적인 여행을 반영하고 있다는 사실을 인정할 것이다. 그들은 우리의 가장 신성한 공동체가 바로 포괄적이며 비가역적으로 진화하고 있는 우주라는 것을 알게 될 것이다.

어떤 창조설도 이것보다 더 영감을 주지는 못할 것이다. 또한 그 어떤 창조설도 실체의 물리적인 측면을 반영하지는 못할 것이다. 그리고 이것보다 시기적절한 것은 없을 것이다. 왜냐하면 세계의 자기 창조를 인정하고 경축함으로써 종교 공동체들은 고대의 통찰력을 회복할 수 있기 때문이다. 뿐만 아니라 다시금 자연을 신성한 것으로, 즉 신성한 우주 공동체의 한 요소로 간주할 수 있기 때문이다. 자연의 신성함을 회복함으로써 자연 환경에 대한 현대인들의 태도를 새롭게 바꾸는 신선한 영감을 얻을 수 있을 것이다. 종교 공동체들은 자연을 다시금 신성시하며 영적인 힘을 다해서 인류의 절박한 진화 과정에 참여하게 될 것이다.

문명의 위기가 있을 때에는 항상 종교적인 갱신이 있어왔다. 유대교의 예언자들이 출현한 것은 이스라엘의 역사가 파멸적인 시기였다. 기독교는 몰락하고 있던 로마 제국이 도덕성을 상실하면서 초래한 혼돈 속에서 정립되었다. 부처는 인도가 영적 혼란과 사회적인 혼란을 겪던 시기에 나타났다. 모하메드는 아랍이 무질서한 시대에 빠졌을 때 그의 사명을 천명하였다. 그리고 바하울라 Baha'ullah 종교는 오토만 제국이 전란으로 소멸해 가고 있던 곤경 속에서 나타났다. 오늘날 우리는 인류가 지금까지 경험해 보지 못했던 가장 심각한 위기 속에, 즉 지구상의 삶 그 자체가 위협을 받고 있는 시대에 놓여 있다. 또다른 위대한 영적 갱신이 우리 시대가 처한 혼돈과 변환의 시기에 나타나야만 한다.

교육의 역할

  과학, 예술, 그리고 종교에서 생겨나는 아이디어, 직관, 그리고
확신들이 사회에 확산될 수만 있다면, 그것들은 결정적인 1990년
대의 도전에 맞서는 데 있어서 효과적일 것이다. 비록 과학, 예술,
그리고 종교가 실질적으로 모든 사람들의 생각과 감정에 영향을
주기는 하지만, 과학적, 예술적 마인드도 없고 또한 어떤 종교적
인 의식도 가지지 않은 개인들은 새롭게 등장하고 있는 견해와
비전에 반응하는 것이 느릴 것이다. 많은 국가에서 거의 대부분을
차지하고 있는 그와 같은 사람들은 보다 직접적이고 대중적인 수
단에 의존해야만 할 것이다. 이 같은 사실은 다른 어떤 것보다도
대중매체가 담당해야 할 또다른 역할을 제시하고 있다.

  신문, 라디오, 텔레비전과 같은 상업적 대중매체들은 적절한 메
시지를 확산시키는 데 있어서 매우 효과적일 수 있으나, 그것들이
얼마나 빨리 그리고 효과적으로 변화를 가져오는가 하는 것을 파
악하기는 힘들다. 최근 대중매체들은 단기적인 지평을 의미하는
〈시의적절성〉과 대부분 지엽적인 관련성만을 의미하는 〈인간적인
이해관계〉에 방향을 맞추고 있다. 따라서 대중의 이해관계와 요
구가 바뀌면 이것들은 변하기 마련이다. 그러나 그러한 변화가 일
어나기 위해서는 시간이 필요하다. 즉, 새로운 아이디어들이 걸러
지고 효과를 발휘하기 위해서는 시간이 필요할 것이다. 그런데 이
것은 닭이 먼저냐 달걀이 먼저냐 하는 상황을 야기시킨다. 왜냐하
면 대중이 변해야 비로소 대중매체가 변할 것이고, 대중매체가 적
절한 종류의 정보를 제공한 후에야 비로소 대중이 변할 것이기
때문이다. 따라서 상업적 대중매체 하나만으로는 이와 같은 악순

환을 단절시킬 수 없다. 하지만 비상업적 대중매체들의 경우에는 그것이 가능할 것이다.

만일 공공 교육매체들이 이러한 도전에 맞서기 위해서는 중대한 개혁을 경험해야만 한다. 이러한 관점에서 본다면, 서구 민주주의의 공공 교육매체들이 상업적인 대중매체보다도 더 좋은 기회를 가지고 있다. 왜냐하면 공영 라디오나 텔레비전 그리고 교육에 관련된 방송국들은 변덕스러운 대중 기호의 조류에 직접적으로 의존하지 않기 때문이다. 공공매체의 방송인들은 그들이 환기시키고자 하는 책임감을 발휘할 수 있다. 그들은 전세계적으로 관련된 장기적인 쟁점들을 다루기 위해 단기적인 시의적절성과 지엽적인 이해관계에 입각한 관념을 초월할 수 있다. 그들은 그러한 쟁점들을 과학의 난해한 전문 용어로 표현할 필요도 없고, 심지어는 그럴듯한 과학적 다큐멘터리로 과장되게 포장을 할 필요도 없다. 최근의 쟁점들을 다룬 가상적인 멀티미디어, 드라마, 코미디, 시 그리고 미래를 위해서 이것들이 제공하고 있는 기회들은 매우 큰 효과가 있을 것이다.

예를 들어, 남아프리카와 중부 아프리카에서 대중적인 연속극이 가족 계획이나 개인 건강과 같은 쟁점들을 심도 있게 다룬 경우처럼 텔레비전의 긍정적인 효과는 인상적일 수 있다. 「늑대와 함께 춤을」 등과 같은 영화들은 상당한 예술적 자유분방함에도 불구하고 폭넓은 대중들이 사회적 부정의에 대해서 깊이 인식할 수 있도록 해주었다. 심지어 음악 전문 채널은 젊은 세대들이, 팝 스타인 마돈나에 의해서 방조된, 자유로운 성에 관한 의견을 표명하고 실행할 수 있도록 고무시켰다.

대중매체의 공헌도 중요하지만 그것 자체로는 충분할 수 없다.

현대 교육 체계에 속해 있는 교육 제도의 뒷받침이 있어야만 할 것이다. 교육 체계의 모든 분야들이 변화할 수 있는 기회가 있기는 하지만 여기에도 또한 어려움은 있다. 오늘날의 교육 제도들은 세계와 세계 속의 개인의 위치에 관한 구시대적인 관념들로 가득 차 있다. 교육 분야를 자연과학적-기술적 영역, 사회과학적-정치적 영역, 그리고 예술적-정신적-종교적 영역 등으로 구획하는 그릇된 방식으로 인해 교육이 단편화되어 왔다. 엄밀 과학과 인문학 사이의 구분과 마찬가지로 이러한 구획은 시대에 뒤떨어진 위험한 것이다. 이것은 사람들이 자신과 그들의 시대에 관한 통합적인 전망을 갖지 못하도록 가로막고 있다.

제2차 세계대전 이후의 이탈리아와 독일, 그리고 최근에 러시아와 동유럽 국가들의 경우에는 학교 교과서를 근본적으로 수정해야만 했다. 기존의 교과서는 자국의 우월성을 주창함으로써 외국인을 싫어하게 하는 이데올로기적 선전으로 가득 차 있었고 그래서 더욱 균형 잡히고 민주적인 관점을 반영하도록 재편되었다. 오늘날에도 이와 유사한 교육 체계의 개혁은 물론 사회과학 분야에서 사용하고 있는 교재를 재편하는 것이 특히 중요하다. 세계 거의 대부분에서 이루어지고 있는 사회 교육 프로그램이나 시민 강좌는 아직도 교육 당사자들이 완곡하게 말하는, 이른바 〈민족 정신〉을 조장하고 있다. 실제로 이러한 민족 정신이 성인들의 자민족 중심주의, 편협한 집단 내 충성심, 그리고 노골적인 국수주의의 근저에 종종 자리 잡고 있다. 그러한 프로그램들은 국가간, 문화간의 오해와 편협함을 자극하는 것으로 끝이 날 수 있다. 아이들은 성장 과정에서 학교에서 배운 범주화가 내면화되고 그것이 인성의 일부분이 된다. 그것들은 사회적, 정치적 과정에 영향을 끼치는 태도로서 표출된다. 그것들은 자국은 물론 자국과 상호 의존적인 관계에 있는 나머지 세계에도 영향을 주게 된다. 학교는 더 이상 편협하고 근시안적인 정신을 교화시켜서는 안 되며 교과서 또한 국가적인 사안이나 세계적인 문제들을 걸러내는 국수주의적인 여과 장치로서 작용해서는 안 된다. 이것은 하나의 지상 명령이다.

이것은 여러 가지 변화를 요구한다. 미국과 유럽 학교의 공민과 civics와 사회과 교육 과정에서 사용되는 있는 교과서를 체계적으로 분석한 결과를 보면, 다른 나라의 역사보다는 자국의 역사를 강조하는 것이 일반적이다. 그리고 역사적인 사건과 일화 등은 자국이 다른 나라들보다 우월하다는 것을 어린이들이 믿도록 고취시키는 방식으로 표현되고 있다. 또한 다른 나라들을 묘사할 때 그들의 고유한 가치나 그들이 이루어낸 업적을 바탕으로 하기보다는 친구 아니면 적 둘 중의 하나로서 그리고 있다. 교과서는 논쟁이나 비판적 사고를 거의 요구하지 않고 있다. 그것은 단지 수용만을 요구하고 있다. 초·중등학교 교사들도 거의 토론을 자극하지 않는다. 그들은 정치적 논쟁을 개방적으로 다루는 것을 좋아하지 않는다. 거의 대부분의 교사들은, 어린이들이 공공의 제도적 권위를 마땅히 존중하고 이에 복종하는 충성스런 시민이 되도록 돕는 것이 그들의 역할이라고 믿고 있다. 결과적으로, 현대의 교육 체계는 순응, 수동성, 편협한 감정, 그리고 협소하고 근시안적인 시야를 조장하고 있다. 이런 상태는 학문에서의 지식 체계의 구획과 마찬가지로 시대에 뒤떨어진 것이다. 국가간의 연대와 조국에 대한 충성 사이에는 모순이 없다. 그리고 가족, 공동체, 직장, 그리고 국가의 훌륭한 구성원이 되는 것과 세계 공동체의 훌륭한 구성원이 되는 것 사이에도 어떤 모순이 있을 수 없다. 실제로는 그 반대가 맞을 것이다. 다른 나라 그리고 다른 문화의 가치와 정당성을 인정하는 것이 수많은 사람들과 국가들로 이루어진 전지구적인 가족 공동체 속에서 자신과 조국의 참 모습을 이해하는 필수조건이 될 것이다.

대체로 명성이 높은 학교일수록 그 학교를 높이 떠받드는 사회의 관점과 가치들을 더 많이 반영하고 교화시킨다. 이것은 대학 진학을 위한 학교들과 일류 대학들을 개혁하는 데 커다란 장애물이 되고 있다. 그와 같은 위엄 있는 제도 속에서는 비전을 제한하고 혁신적인 것을 여과시키는 정도에 따라서 전통이 평가되는 경향이 있다. 그러한 제도들이 편협하게 현상태에만 헌신하는 지도자들을 양산하는 경향이 있다는 것은 놀라운 일이 아니다. 그러나 우리의 세계가 필요로 하는 것은 전문화된 학문의 상아탑 속에서 출현하고 있는 현상 유지적인 정향을 지닌 지도자가 아니다. 우리에게 필요한 것은 노소를 막론하고 누구나 그들의 현재 그리고 미래에 관련된 아이디어와 관념에 접할 수 있는 융통성 있고 기능적인 학습 환경이다.

융통성 있고 과업 지향적인 교육 체계를 주장한다고 해서 이것이 양질의 교육에 대한 필요성을 무시하는 것은 아니다. 가장 우수한 지식을 장려하고 이것을 세대를 통해서 전달하는 학교들이 불필요하다는 것은 아니다. 전통에만 집착하는 기관들이 아무리 전문화된 학문 분야의 전문가가 된다고 할지라도 그것은 광범위하고, 통합된, 전체적인 지식을 추구하는 기관에 의해서 보완되어야 한다. 20세기 말의 세계는 우리의 시대를 에워싸고 있는 문제들을 전반적으로 조망할 수 있는 교육 기관을 필요로 하고 있다.

물론 아주 우수한 기관들이 되어야 하겠지만, 그것들은 전문화가 아니라 지식의 통합과 전체적인 비전의 개발에 전념해야 한다.

전체적인 지식을 추구하는 교육은 똑똑하고 야심만만한 아동들이 앞서 나가게 되는 유치원과는 다르다. 오히려 이것은 모든 형태의 학습에 대한 본질적인 예비 교육이 되어야 한다. 심지어는 엄격하고 전문화된 학습에 대해서도 마찬가지이다. 우리 모두가 요구하고 있는 전반적인 조망은 〈단순화〉가 아니라 현대 지식의 가장 최근의 성과들을 〈통합하는 것〉이다. 그러한 통합은 계속되고 있는 과업이며 그것은 근원적인 토대가 있어야 한다. 우리는 예술과 중요한 신념 체계들뿐만 아니라 새로이 등장하고 있는 현대 과학의 통찰들을 평가하고 통합하기 위해서 〈전문화된 교양인〉으로 구성된 집단들을 결집하는 기관이 필요하다.

전체적인 교육을 지향하는 기관들은 전문화된 교육 기관에서 행해지는 교육을 흉내낼 필요가 없다. 지금과 같은 결정적인 시대에 필요한 전반적인 조망은 공식적인 강의실 밖에서 가장 잘 얻을 수 있다. 학습은 비공식적인 세미나, 논쟁과 토론, 교사 지도하의 개인 연구, 인턴 실습 등을 통해서 이루어질 수 있다. 전체적인 학습은 통찰, 지식 그리고 기술이 결집되어 이루어진다. 전문화된 기술 분야에 뛰어들고 싶어하지 않는 젊은 세대들은 은신처와 같이 되어버린 대학 캠퍼스로 갈 필요가 없으며, 현대의 문제들을 보다 잘 이해하고자 애쓰고 있는 기성 세대들 또한 공식적인 교실로 다시 돌아가서는 안 된다. 전체적인 학습을 위한 중심 기관들이 현대 사회에서 결정적인 역할을 하고 있다. 전문화된 교양인들이 제공하는 통합적 조망이 없다면, 과학, 예술, 그리고 종교 사이의 연합은 형식적이고 피상적인 것에 불과할 것이다. 과학, 예술, 그리고 종교에서 일어나고 있는 발전 결과들을 일생 동안 추적하고, 그것을 인간, 자연, 그리고 사회라는 일관된 관점에서 통합하고자 하는 지식인들에게 공개적인 토론의 장을 제공하는 기관이 있어야단 한다. 이것은 사전이나 백과사전에서처럼 단지 개념이나 이론들을 나란히 혹은 차례대로 배열해 놓는 것 이상을 의미한다. 그것은 통찰이나 이론들이 어떻게 하나의 완전한 유기적 전체와 통합되는가를 보여주는 것을 의미한다. 이와 같은 과업을 맡게 될 사람들이 생태학에서 경영학에 이르기까지 매우 다양한 분야에서 지금 부상하고 있다. 이들이 하나로 합쳐질 때에 그들이 지닌 통찰들이 상호간에 큰 영향을 주면서 서로를 강화시켜 줄 것이다.

과학, 예술, 종교, 그리고 교육의 대연합이 이루어진다면, 우리는 우리 시대가 직면한 문제와 도전들을 하나의 복합적인 그러나 단일한 역사 과정 속에 있는 요소들로서 이해할 수 있을 것이다. 상호 보완적인 시각에서 우리의 놀라운 수련 연못을 볼 수 있을 것이다. 과학의 관점에서 볼 때, 수련 연못은 복합적 체계의 하나의 특수한 변종이 진화하는 것으로 인식할 수 있을 것이다. 그 과정에서 체계 발전의 보편적인 법칙들이 전지구적인 맥락에서 현대 인류에게 적합한 형태와 특징들로서 나타나고 있는 것이다. 예술의 관점에서, 수련 연못은 개인의 창조성을 위한 신선한 기회를 제공할 뿐만 아니라 삶과 사랑 그리고 동료애와 연대성에서 새로운 관계를 맺을 수 있는 참신한 기회들을 또한 제공함으로써 극적인 요소와 심오한 의미가 충만한 하나의 모험으로서 간주될 수 있을 것이다. 종교의 시각에서는, 수련 연못에 훨씬 더 심오한 의미를 부여할 수 있을 것이다. 우주 스스로가 더 높은 단계로 진화하고 통합되어 감에 따라서 수련 연못 또한 제일성과 통일을 향한 인류의 오랜 여정과 함께 진보하는 것이라고 새롭게 인식할 수 있을 것이다.

우리 시대 문화적 선결 과제라고 말할 수 있는 대연합의 형성은 가능할 것이다. 그것을 성취하기 위해서는 과학자, 예술가, 교육자, 그리고 종교인들의 사회적 의식, 책임감 그리고 효능감이 새로운 차원으로 성장해야만 한다. 기업과 정부의 이해와 지지가 필요할 뿐만 아니라 전문화된 교양인 집단들이 새롭게 떠오르는 통찰들을 유익한 선견지명으로 통합할 수 있는 융통성 있는 학습·연구 기관의 설립이 또한 절실하다.

제 8 장
인류의 운명을 결정하는 지능 테스트

　우리는 생존을 위해 더 이상 육체적 힘, 비행 속도, 신체를 가리는 가면이나 보호색 등에 의존할 수 없다. 인류는 생존을 위하여 지능에 의존할 수밖에 없게 되었다. 이것은 숙명적인 도박이다. 여기에 우리의 집단적인 생존 그리고 전체 생활권의 생존이 달려 있다.

　약 5백만 년 전에 현대 인류로 이어진 진화론적인 노선이 인류의 공통 조상인 아프리카 유인원, 침팬지, 그리고 고릴라로부터 갈라져 나왔다. 유인원들은 무릎 관절을 이용해 걷던 네 발 동물이다. 그러나 인류는 두 발을 지닌 직립 보행인이다. 유인원들은 큰 턱과 작은 뇌(300-600cc 정도)를 가지고 있지만, 인류는 작은 턱과 유인원에 비해 4배 정도가 큰 뇌(1400-1600cc 정도)를 가지고 있다. 대부분의 유인원들은 나무에서의 삶에 적응되어 있지만 인류는 지상에서의 삶에 적합하게 되어 있다. 지능의 진화에서 결정적인 요인으로 밝혀진 것이 바로 이러한 지상 생활에 대한 적응력이다. 두 발을 지닌 초기 영장류 무리가 왜 나무를 떠났는가 하는 것은 아직도 불가사의한 일이지만 —— 일부 인류학자들은 그들이 숲속에 살던 신체적으로 더욱 발달된 영장류에 의해서 숲에서부터 사바나로 쫓겨났다고 주장한다 —— 일단 나무를 떠나면서 그들의 운명이 결정되었다. 즉, 지능을 계발하든가 아니면 멸종될 수밖에 없는 처지가 되고 말았다. 우리가 지금 직면하고 있는 문제는 진화되어 온 그와 같은 종류의 지능이 우리가 21세기에서 생존하기 위해 충분한 것인가 하는 것이다. 풀러 Buckminster Fuller 가 말했듯이, 인류는 마지막 시험에 직면해 있다. 그것은 지능 시험이다. 즉, 우리 종의 집단적인 IQ 테스트이다.

운명을 건 도박

지능은 인류에게만 있는 것은 아니다. 다른 동물들도 발달된 형태의 지능을 가지고 있다. 만일 지능을 발달시켜야 할 필요성과 기회가 있었다면, 아마도 더 많은 종들이 지능을 발달시켜 왔을 것이다. 고래와 돌고래는 지능을 가지고 있지만 지상에서의 생활보다도 더욱 안전한 수중 환경에서 살고 있다. 바다에 사는 포유류의 지능은 지상에서 생활하는 인간들이 지닌 활동적이고 조작적인 종류의 지능으로 진화될 필요가 없었다. 이런 종류의 지능은 단지 지상 환경에만 필요하다. 지상에서는 물을 쉽게 이용하고 보존하는 것, 자유 에너지를 지속적으로 조달하는 것, 그리고 일정 온도를 유지하는 것이 복잡한 생화학적 반응을 지속시켜 나가는 데 있어서 본질적이다. 이에 상응하는 수준의 지능이 아마도 지상에서 생활하는 다양한 종들에게서 발달되었을 것이다. 적절한 시기에 공룡들 중에서도 이러한 지능을 가진 것들이 출현했을 것이다. 그 가운데 한 종인 스테나니코사우러스 stenanicosaurus는 매우 바람직한 조건들(커다란 두개골, 큰 눈, 긴 팔)을 가지고 있었지만 나머지 공룡들과 함께 사라져버렸다. 스테나니코사우러스가 고도의 지능을 가지고 진화해 왔다면, 지금의 생활권은 인간보다는 오히려 파충류로 가득 찼을 것이다. 이것은 우리가 영화 「쥐라기 공원」을 보면서 상상할 수 있는 것들을 훨씬 능가하는 결과를 초래했을 것이다.

공룡이나 해양 포유류의 역사와는 달리 우연적인 상황의 연속으로 점철된 인간 종의 역사는 우리의 조상들이 조작적인 형태의 지능에 생존을 담보하도록 허용했을 뿐만 아니라 더 나아가 이것을 요구하기까지 했다. 우리의 조상들이 일단 나무를 떠난 뒤에는 위험한 상황에 처해 있었기 때문에 도박을 할 수밖에 없었다. 사바나는 이미 육식 동물들로 가득했고 그들 대부분은 우리 조상들보다 더욱 강하고 빨랐다. 나무라는 피난처는 이미 없어졌고 그것을 대신할 수 있는 것은 단 하나밖에 없었다. 즉, 나무를 떠나면서 자유롭게 된 앞다리가 그것이다. 더 이상 나뭇가지에 매달릴 필요도 없었고 따라서 앞다리를 다른 용도로 사용할 수 있었다. 아마도 틀림없이 진화하고 있던 팔들은 두 발을 지닌 초기 영장류 무리들이 아프리카의 대초원에서 떼를 지어 이동하는 짐승들을 따라갈 때에 자식들을 운반하는 데 사용했을 것이다. 팔은 또한, 침팬지들이 그들의 앞발을 이용하듯이, 돌과 막대기로 자신을 방어하는 데에도 사용되었을 것이다. 그러나 침팬지나 다른 유인원들과는 달리 우리 조상들은 생존을 위해 신체의 통제, 촉감, 그리고 특히 민첩한 손놀림을 가장 중시했을 것이다. 이러한 능력을 발전시킨 두발영장류 무리들만이 생존했을 것이다. 인류의 초기 조상들은 이와 같은 재주를 부릴 수 있었다. 생리학자들이 발견한 사실에 따르면, 뇌의 운동 신경과 감각 피질에서 손을 표현하는 것, 특히 엄지손가락을 움직이는 것이 현저하게 세밀해졌다.

앞다리가 민첩한 팔과 손으로 변형되면서 방어를 위한 턱이 더 이상 필요 없게 되었다. 송곳니, 어금니 그리고 그것들을 잘 감쌀 수 있는 널찍한 턱은 도태되었다. 대신에 민첩성을 발휘하고 지능을 활용할 수 있는 큰 뇌와 이것을 보호하기 위한 두개골이 발달되었다. 따라서 큰 뇌와 작은 턱 그리고 그에 상응하는 엄지손가락(오늘날까지도 총명함을 보증하는 증표)을 지닌 직립 보행을 하는 종이 등장하게 된 것이다.

커다란 뇌가 발달하면서 일련의 진화론적 혁신이 일어났다. 지상에 사는 두 발 동물들에게는 여러 가지 능력 중에서도 생존이라는 중대한 과업에 도움이 되는 능력이 가장 으뜸이었을 것이다. 상호간에 의사소통을 할 수 있는 우월한 능력을 지닌 돌연변이 개체들이 자연도태 과정에서 선택되었다. 이러한 사회화된 개체들이 확산되면서 유전학에 기초한 유인원들의 손짓몸짓말이 인류 언어의 특징인 융통성 있는 상징 체계로 변환되었다. 사회적 행위가 엄격한 유전학적 프로그래밍에서 해방되었고 변화하는 환경에 적응할 수 있게 되었다. 대뇌 신피질에서, 민첩한 손놀림과 도구 사용을 위한 능력들이 새롭게 진화된 의사소통 및 사회화의 능력과 결합되었다. 인류의 조상들은 지상의 유인원으로부터 그 스스로를 사피엔스 sapiens, 즉 〈지자 the knower〉로서 간주하게 된 하나의 종으로 진화해 왔다. 이것은 약간 과장된 것이기는 하지만 전혀 근거가 없는 것은 아니다.

우리의 조상들이 진화시킨 섬세한 손놀림과 인지 능력은 약 10만 년 전에 사피엔스들이 진화의 무대에 등장하기 전까지는 빛을 보지 못했다. 고등 유인원으로부터 영장류의 지손이 갈라져 나온 이후 거의 500만 년 동안 뿔뿔이 흩어져 있던 영리한 무리들은 항상 공격에 노출되어 있는 불안한 환경 속에서 근근이 살아나갈 수밖에 없었다. 그러다가 대략 150만 년 전부터 서서히 지능의 효과가 나타나기 시작했다. 케냐의 체소완자 Chesowanja 근처에서 고고학자들은 두발영장류의 뼈 옆에서 구운 진흙과 인공 돌 도구들을 발견했다. 그런데 여기서 발견된 진흙은 통상 산불이 일어났을 때 발생하는 열보다도 더 높은 열에 노출되었었다는 흔적을 보여주고 있다. 그것이 150만 년 전에 살았던 두발영장류가 불을 사용해 구운 것인지는 확실하지 않다. 그 증거는 상황적이다. 왜냐하면 큰 나무 줄기를 태울 정도로 강한 불길을 내는 자연적인 화재는 그와 유사한 높은 온도를 낼 수도 있기 때문이다. 하지만 50만 년 전으로 거슬러 올라가면 인류가 불을 사용했다는 증거는 논쟁의 여지가 없다. 인류가 처음으로 불을 사용한 것은 아무리 늦어도 그때부터라고 할 수 있다. 그리고 이것은 우리 종들의 지능을 건 도박이 마침내 성공했음을 보여주는 최초의 증거라고 할 수 있다.

불에 대한 통제는 하나의 지능적인 행동이었다. 이것은 흩어져 있던 두발영장류 무리들의 생존 투쟁에 작지만 결정적인 효력을 제공했다. 불은 모든 생물들에게 두려움을 불러일으켰다. 불길이나 타다 남은 불씨는 털, 가죽, 머리카락, 피부 등을 태울 수 있다. 불을 피하는 것이 불에 대한 본능적인 반작용이기 때문에 불을 지배하는 자들은 자신들을 보호하고 방어하기 위해 불을 이용할 수 있다. 불은 또한 식량을 안정적으로 지속해서 얻는 데 큰 도움이 되었다. 즉, 날것일 때에 쉽게 부패되는 고기들을 적당하게 구워놓으면 먹을 수 있는 상태로 오래 유지할 수 있다. 고기를 구울수 있게 되면서 나쁜 날씨 때문에 사냥을 할 수 없는 빈궁기에도 견딜 수 있게 되었다. 더 이상 하루 벌어 하루 먹는 삶을 살 필요가 없게 되었다.

자연의 기본적인 힘들 가운데서 가장 즉각적이고 가장 두려운 불을 지배하게 된 것은 갑자기 그리고 한 장소에서만 생겨난 것 같지는 않다. 인류의 직계 조상인 직립 원인은 오랜 기간 동안 상당히 멀리 떨어진 지역들에서 각자 불을 사용했던 것처럼 보인다. 이것이 확인된 지역들을 보면 분명히 알 수 있다. 북경 원인이 출토된 저우커우뎬(周口店), 스페인 북부의 아라곤 Aragon, 헝가리의 베르테스죌레스 Vértesszöllös 등과 같은 다양한 지역에서 인간이 불을 지핀 흔적이 발견되었다. 많은 두발영장류 무리들은 서로 배우지 않고서, 심지어는 서로를 알지도 못한 채, 거의 동시에 불을 사용하는 기술에 도달한 것처럼 보인다.

적어도 오늘날의 기준에서 본다면 그 과정은 틀림없이 느렸을 것이다. 모든 열대 그리고 아열대 생태계에서는 번개로 인한 산불이 주기적으로 발생한다. 자연적인 불은 매우 중요한 역할을 한다. 산불은 죽은 유기 물질들을 깨끗이 치워버리고 토양에 생기를 불어넣음으로써 새로운 식물이 성장할 수 있는 바람직한 조건을 만들어낸다. 직립 원인들은 수천 년 동안 자연적인 불과 마주쳤을 것이고 다른 유인원들이나 동물들이 보였던 반응과 마찬가지로 불을 피했을 것이다. 그러나 시간이 지나면서 모험을 좋아하는 개체들은 연기가 나고 있는 잔해에서 물러나 그 주위를 이리저리 살펴보기 시작했을 것이다. 틀림없이 그들은 많은 동물들이 불타

버린 흔적을 보았을 것이고, 새카맣게 되었지만 완전히 타지 않은 것들도 발견했을 것이다. 경험을 토대로 그들은 그와 같은 잔해들을 불이 난 장소뿐만 아니라 몇 일 후에 그들의 거처에서도 먹을 수 있다는 사실을 알게 되었을 것이다.

더욱더 많은 두발영장류 무리들이 불이 났던 곳으로 돌아와 먹을 수 있는 것들을 뒤져서 찾기 시작했을 것이다. 그들뿐만 아니라 다른 동물들, 특히 흉내를 잘 내는 유인원들과 원숭이들도 그런 짓을 따라 했을 것이다. 그러나 두발영장류들은 이점이 있었다. 몸에 털이 많지 않았기 때문에 그들은 털이 많은 동물들보다도 불꽃에 쉽게 그을리지 않았을 것이다. 또한 그들의 선 자세는 훨씬 더 이점이 있었다. 자유로운 팔은 네 발 동물들의 앞다리보다도 타다 남은 불씨와 재를 살피는 데 훨씬 더 유용한 것이었다. 그리고 팔은 경쟁자들에게 돌과 나무 막대기를 던지는 데에도 더욱 효과적이었다.

그리고 나서 일련의 발견들이 이루어졌다. 첫째로, 두발영장류들 가운데 일부는 한쪽에서는 연기가 나거나 타고 있는 막대기도 다른 쪽은 손으로 만질 수 있을 만큼 차갑다는 사실을 발견했을 것이다. 그리고 그들은 그러한 막대기가 매우 효과적인 무기가 될 수 있다는 사실을 알게 되었을 것이다. 모든 두발영장류 무리들이 다른 동물들을 겁주기 위해 소리를 지르며 타고 있는 막대기를 휘두르면서 모여들었을 것이다. 계속해서 두번째의 발견이 이루어졌을 것이다. 즉, 일부 개체들은 마른 막대기를 불꽃 속으로 던져서 무기로 사용할 수 있는 더욱 편리한 횃불을 만들었을 것이다.

막대기 끝에 불을 붙이는 행위는 지능을 건 도박에서 하나의 결정적인 돌파구를 보여주는 것이었다. 자연적인 불은 시간이 지나면 꺼지지만 다른 막대기에 붙여 놓은 불은 계속 타게 된다. 우리의 조상들은 막대기에 불을 붙임으로써 다른 동물들을 위협할 수 있을 뿐만 아니라 불을 계속해서 피울 수 있다는 사실을 발견하게 되었을 것이다. 자연적인 불이 항상 일어나는 것이 아니기 때문에 불을 살리는 것이 매우 중요한 일거리가 되었다. 그리고 그때 세번째 발견이 이루어졌다. 즉, 그것은 불을 운반할 수 있다는 사실이다. 불타고 있는 막대기를 운반해서 더 편리한 다른 장소, 예를 들어 동굴 안이나 동굴 근처에 불을 붙일 수 있게 되었다. 그때부터 불은 인간의 거주지 근처에 놓여지게 되었고 약탈자들의 접근을 막거나 음식을 굽는 데 사용하게 되었다. 불이 실제로 이러한 방식으로 그리고 놀랄 만큼 오랜 기간 동안 사용되었다는 증거들이 있다. 예를 들면, 유명한 저우커우뎬의 동굴에서는 동굴 지붕이 붕괴되어 동굴을 비우고 떠나기 전까지 불을 사용했던 것으로 보인다.

많은 시간이 흐르면서 두발영장류들은 벼락이 쳐서 마른 덤불에 불이 붙는 행운을 기다릴 필요가 없이 그들 스스로가 불을 만들어낼 수 있다는 사실을 발견했다. 나무나 돌들을 함께 문질러서 불똥을 튀기는 것은 두발영장류의 놀랄 만한 발명이었다. 먼저 발견한 사실들과 더불어 마침내 인위적으로 불을 붙일 수 있게 되면서 우리 조상들은 다른 어떤 생명체보다도 자연을 보다 잘 통제할 수 있는 중요한 수단을 부여받게 되었다. 불을 발명함으로써 우리 종들은 확고한 지배의 수단을 얻게 되었다. 인류는 자신들보다 더욱 힘이 센 종들에 대한 두려움 속에서 더 이상 생존 투쟁을 할 필요가 없어졌다. 그들은 주거지를 정하고 그것을 보호하고 그리고 그들의 식량을 비축할 수 있었다. 그리스 신화에서 보면,

인간이 자신을 이긴 사실에 분개하고 있는 제우스가 가지고 있던 불을 프로메테우스가 훔치게 된다. 속이 빈 회향풀 줄기에 감추었던 프로메테우스의 불씨는 인류의 역사에서 가장 위대한 돌파구였다.

생존에 대한 우위를 확고하게 함으로써 지능의 효과가 급속도로 축적되었다. 나일 강, 티그리스 강, 유프라테스 강, 갠지즈 강, 황하 유역에 사람들이 정착하게 되었다. 이러한 환경에서 거대한 물줄기에 의해 침전된 개흙*은 자연적인 비료가 되었고, 주기적으로 범람하는 강물은 자연적인 관개 체계의 역할을 했다. 수천 년을 지나오는 동안 적합한 장소에 씨앗을 뿌림으로써 규칙적인 수확이 가능해졌다. 이전에는 야생 식물이었던 몇몇 종자들을 성공적으로 길들여 재배할 수 있게 되었다. 일부 동물들을 길들인 것도 대체로 같은 시기에 이루어졌다. 최초의 위대한 기술적 〈혁명〉이라고 당당하게 주장할 수 있는 하나의 돌파구인 신석기 시대가 도래하면서 유목 생활을 하던 두발영장류 무리들이 정착 생활을 하는 목축인들로 변환되었다.

그 나머지는 실제의 역사이다. 즉, 그 다음은 이 지구상의 지배자이자 약탈자인 인류의 역사이다. 지능이 진화되면서 인류는 과거보다도 훨씬 더 높은 지능을 재생산할 수 있게 되었다. 그리고 우리의 점증하는 필요와 점점 더 왕성해지고 있는 욕구가 명령하는 바에 따라서 자연을 지배하거나 적어도 자연에 간섭하는 것이 가능해졌다.

---

* 침니(沈泥) 또는 해감이라고도 부르며, 모래보다 곱고 진흙보다 거친 침적토를 말함 — 역자 주

운명을 건 IQ 테스트에 대처하려면

우리는 불을 만드는 법을 배웠고 우리가 불을 끌 수도 있다는 전제하에 행동해 왔다. 그러나 그러한 확신은 정당한가? 우리가 만들어낸 힘들은 이런저런 종류의 불들이다. 그것은 자연에서 우리가 촉매 작용을 일으키고 그런 다음에는 통제하기를 희망하는 역동적인 과정들이다. 우리는 이러한 프로메테우스의 불을 길들였다고 믿는다. 즉, 우리는 그것들을 창조할 뿐만 아니라 또한 그것들을 언제나 마음대로 끌 수도 있다고 믿고 있다. 그러나 우리가 붙인 불 가운데 어떤 것들은 우리의 통제에서 벗어나는 경우가 종종 있다. 호리병에서 빠져나온 주인이 정해지지 않은 마귀처럼 생명과 의지를 지닌 것들도 있다. 그것들은 전혀 예측하지 못하고 의도하지 않은 방식으로 행동함으로써 우리를 위협하거나 파괴할 수도 있다. 이것은 화약의 발명이 어떤 결과를 가져왔으며 화석 연료에 기초한 많은 기술들이 오늘날 어떻게 되었는가를 보면 잘 알 수 있다. 히로시마와 체르노빌의 교훈에서 보듯이, 우리가 원자핵으로부터 불러낸 마귀는 다른 어떤 것보다도 더욱 강력하고 또한 길들이기가 쉽지 않다. 그리고 로봇과 컴퓨터, 무수히 많은 새로운 자동화 기술과 의사소통 기술 등도 쉽게 길들여지지는 않을 것이다.

이 모든 것들을 우리는 반성의 자료로 삼아야 한다. 대략 5백만 년 전에 인류의 혈통이 고등 유인원에서부터 갈라져 나왔을 때 우리의 종(그리고 그것과 함께한 지상의 자연)은 운명을 건 모험을 감행하였다. 그것은 우리 종의 영속이 걸린 것이었다. 지능을 가진 종이 자신의 환경을 재생산하고 향상시킴으로써 진화론적으로 반드시 성공하는 것은 아니다. 통제할 수 없는 수련의 성장처럼, 환경을 퇴화시키고 자신의 삶을 위협하는 생태학적인 재앙을 초래할 수도 있다. 만일 인간의 지능이 큰 실패를 가져온다면, 우리 종의 멸종은 바로 지구상에 있는 모든 고등 생명체의 멸종을 의미하게 될 것이다. 지능에 내기를 건 것은 지금껏 자연에서 행해진 가장 큰 도박이었다.

비록 수백만 년 동안 그 결과가 의심스럽기는 했지만 지능을 건 인류의 도박은 역사가 기록된 기간 동안에는 성공적이었던 것처럼 보인다. 하지만 어쩌면 이 역사가 지금 끝나가고 있는 것은 아닌가? 우리 종의 멸종을 상상해 보는 것은 결코 무리한 일이 아니다. 우주의 다른 곳에서 지능을 가진 종들이 득세했다가는 얼마 가지 않아서 사라졌을지도 모른다. 결국 지능은 돌연변이와 자연도태라는 위대한 춤 속에서 진화로 나갈 수 있는 수많은 답 가운데 하나이다. 그리고 우주의 광범위한 영역 속에서 이와 유사한 답들이 우연히 발견될 수도 있을 것이다. 안타깝게도 다른 행성과 통신을 시도하려는 우리의 노력은 실패로 끝났다. 외계인을 태우고 지구상에 착륙한 UFO에 대한 보고가 있기는 하지만, 그것은 확인되지 않고 있고 그 진실성에 의문이 제기되고 있다. 비록 지구와 통신이 가능한 범위 내에 생명체가 존재할 수 있는 많은 행성들이 있기는 하지만, 그중 어떤 것과도 믿을 만한 접촉이 없었다는 것은 사실이다. 그 이유는 지능을 가진 종들이 지구 외부에 존재하지 않기 때문에 그런 것은 아닐 것이다. 비록 극소수의 지능을 가진 종들이 은하계에 흩어져 있다고 할지라도 그러한 종들이 오랫동안 생존할 수 없기 때문일지 모른다. 만일 그들 대부분의 평균 수명이 짧다면, 그들과 의사소통을 할 수 있는 가능성은 크게 줄어든다. 그들로부터 신호를 받기 위해서는 공간과 시간이 정확하게 맞아야 한다. 우리의 시간이 너무 빠르면 그쪽에서 신호를 내보낼 수 없을 것이고, 반대로 너무 늦어지면 그들이 그때까지 살아서 신호를 보낼 수 없을 것이다.

우주의 다른 어느 곳에 지능을 가진 종들이 존재하든 존재하지 않든 관계없이 우리는 여기 지구에 지능을 가진 생명체가 존재한다는 사실을 자랑스러워하고 있다. 하지만, 정말 그런가? 이에 대한 대답은 우리가 〈지능〉이라는 말에 부여하는 의미에 달려 있다. 인류에게 존재하는 지능은 경쟁적인 생존을 위한 하나의 전략을 의미한다. 이것은 지난 몇 천년 동안에 인류에게 아주 훌륭한 보상을 해주었다. 하지만 그에 상응하는 대가가 증대됨으로써 지금은 지능이 가져온 이익을 오히려 넘어서려고 하고 있다. 만일 그렇게 된다면, 인류는 우리의 연못에 있는 생명체들을 죽이는 수련으로 전락하게 될 것이다.

그러나 다른 종류의 지능이 있을 수 있다. 여기서 말하는 지능이라는 개념은 사려 깊은 결정을 내릴 수 있는 능력을 의미한다. 복합적이고 상호 의존적인 세계에서 그와 같은 결정을 내리는 것은 쉽지 않다. 그것은 장기적인 안목을 가지고 전지구적인 맥락에서 생각하고 행동하는 것을 요구하고 있다. 터널 속을 보는 것과 같은 좁은 시야는 분명 치명적인 될 것이다. 그것은 결정을 내린 개인들에게 재앙이 되며 종들이 진화된 생활권에도 파멸적인 결과를 초래하게 될 것이다.

결국 우리의 지능 테스트는 어떻게 끝날 것인가? 우리는 올바른 선택을 할 것인가? 이것은 하나의 궁극적인 물음이다. 왜냐하면 우리의 집단적인 생존이 여기에 달려 있기 때문이다. 석기 시대의

182

불이 인간의 통제를 벗어났을 때 숲이나 사바나가 파괴되었고 인간은 거주지를 옮겨야 했다. 유목 생활을 하던 영리한 무리들은 불에 타지 않은 처녀지를 찾아 이동했다. 현대를 통틀어, 〈젊은이여 서부로 가라〉라는 말은 그럴듯하고 얼마든지 실행 가능한 명제였다. 사람들은 항상 처녀지를 향해 출발할 수 있었다. 그러나 오늘날은 상황이 다르다. 지금 인류가 풀어놓고 있는 힘들은 이 행성에 있는 모든 처녀지를 파괴하고 있다. 만일 그것들이 통제에서 벗어난다면, 더 이상 어디에도 갈 곳이 없게 될 것이다. 만일 우리가 잘못된 선택을 내린다면, 우리의 거대한 기술은 우리는 물론 그 밖의 거의 모든 생명체들을 위한 거대한 무덤을 파게 될 것이다.

진화론적 체계 이론의 기본 관념들

진화하는 체계들을 다루는 새로운 과학은 버트란피 Ludwig von Bertalanffy의 일반 체계 이론, 위너 Nobert Wiener의 사이버네틱스 그리고 샤논 Claude Shannon의 정보 이론 등에서 시작되었다. 이른바 새로운 과학의 기본적인 관념과 이론들이 철학은 물론 자연과학과 사회과학의 다양한 분야에서 발전되어 왔다. 이것은 프리고진 Ilya Prigogine의 비평형 열역학 그리고 역동적 체계의 혼돈과 변환을 다루는 수학적 모델링의 발전으로 더욱 성장해 왔다.

새로운 과학 분야들은 실체의 본질에 관해 참신한 관점을 제공해 주고 있다. 이러한 관점에서 볼 때, 인간과 사회는 우주의 이방인들이 아니다. 오히려 인간과 사회는 150억 년 전의 대폭발에서 시작되어 지금은 생명, 문화, 그리고 의식 현상에서 발생하고 있는 위대한 진화 과정에 필수불가결한 부분들이다. 새로운 과학은 이러한 진화의 역동적인 특징들과 그 주요 단계들을 묘사하고 있다. 만일 인류 진화의 다음 단계를 추정할 수 있고 공통된 이해를 바탕으로 그것을 조정할 수 있는 합리적인 토대가 있다면, 이들 과학이 바로 그것을 제공할 수 있는 특권적 위치에 있다고 하겠다. 따라서 새로운 과학의 핵심적인 관념들과 친숙해지는 것이 우리 시대가 요청하고 있는 기본적인 교양의 일부이다.

이론적 기초

우주에 있는 물질들은 부분들이 함께 결합되어 같은 운명을 공유하는 점점 더 복합적인 실체들을 구성한다. 이렇게 구성된 실체들이 바로 우리가 말하는 체계들이다. 비록 자연과학과 사회과학이라는 전통적인 경계 설정을 뛰어넘는 일반적인 범주들이 있다고 할지라도 세계에 있는 체계들이 모두 똑같은 것은 아니다. 따라서 새로운 범주들은 물리 체계, 화학 체계, 생물 체계 등을 말하는 것이 아니고, 평형 체계, 평형 근방의 체계, 평형으로부터 멀리 떨어진 체계 등을 가리키는 것이 되어야 한다. 평형으로부터 멀리 떨어진 체계들은 오랫동안 알려지지 않았었다. 하지만 생물계와 인간 세계뿐만 아니라 물리적 세계의 진화하고 있는 체계들이 이 범주에 포함되어 있다. 다른 두 가지 범주들이 알려진 것은 이미 한 세기가 넘었다.

평형 체계에서는 에너지와 물질의 흐름이 온도와 밀도의 차이를 없앤다. 체계 요소들이 무작위적으로 혼합되어 질서가 없어지며 체계 자체는 동질적인 상태가 되고 역학적으로 무기력하다. 평형 근방에 있는 체계들의 경우에는 온도와 밀도에 있어 약간의 차이가 있다. 체계의 내부 구조가 무작위적이지 않고 체계 자체도 무기력하지도 않다. 이러한 체계들은 그것들을 비평형 상태로 유지하던 제약들이 제거되자마자 평형 상태를 향해서 움직이는 경향이 있다. 반응과 역반응이 통계적으로 서로 상쇄됨으로써 전반적으로 밀도의 차이가 더 이상 없게 될 때——질량 작용의 법칙 law of mass action 또는 굴드버그와 와게의 법칙 Guldberg & Waage's law——평형 근방의 체계들은 평형 상태에 도달한다. 밀도의 차이가 없어진다는 것은 화학적 평형을 의미하며, 획일적인 온도에 도달하는 것은 열적 평형을 의미한다. 비평형 상태에서는 체계들이 일을 함으로써 엔트로피를 생산하는 반면에, 평형 상태에서는 더 이상 일을 할 수 없게 되어 엔트로피 생산이 멈추게 된다. 평형 상태에서는 엔트로피 생산, 힘과 유동성——비가역적인 과정들의 비율——이 모두가 제로 상태이다. 반면에 평형 근방의 상태에서는 엔트로피 생산이 적고, 힘이 약하며, 체계의 유동은 이러한 힘의 선형 함수이다. 그러므로 평형 근방의 상태는 선형 비평형 상태의 하나이다. 선형 열역학에서는 이것을 최대의 자유 에너지 소산과 최고의 엔트로피 수준을 향해 가는 통계적으로 예측 가능한 추세로 묘사하고 있다. 궁극적으로 평형 근방의 상태에 있는 체계들은, 초기 조건이 무엇이든 관계없이, 경계 조건들 boundary conditions과 양립할 수 있는 최소 자유 에너지 및 최대 엔트로피 상태에 도달한다.

세번째의 가능한 범주는 체계들이 열적 평형과 화학적 평형으로부터 멀리 떨어진 상태에 존재하는 경우이다. 그러한 체계들은 비선형적이기 때문에 비결정론적인 단계들을 통과한다. 그것들은 최소 자유 에너지와 최대 엔트로피 상태로 나아가지 않는다. 오히려 요동들을 증폭시키고 평형 또는 평형 근방의 안정 상태와는 전혀 다른 하나의 새로운 역동적 체제를 향해 진화하는 경향이 있다.

  언뜻 보기에는, 평형으로부터 멀리 떨어진 상태에 있는 체계들의 진화가 유명한 열역학 제2법칙과 모순되는 것처럼 보인다. 실제로 어떻게 체계의 복합성과 조직 수준이 증대되는가? 그리고 어떻게 해서 더욱 활동적이 되는가? 열역학 제2법칙에 따르면, 고립된 체계에서는 조직과 구조가 사라지고 그것이 획일성과 무작위성으로 대치되는 경향이 있다. 하지만 현대 과학자들은 진화하고 있는 체계들이 고립된 체계들이 아니라는 사실을 알고 있다. 따라서 열역학 제2법칙은 고립되어 있지 않은 체계에서 일어나는 일들을, 보다 정확히 말하면, 그러한 체계와 그 환경 사이에서 일어나고 있는 일들을 제대로 묘사할 수 없다. 세번째 범주에 속하는 체계들은 항상 그리고 필연적으로 개방 체계들이다. 따라서 그와 같은 체계들의 엔트로피 변화는 비가역적인 내적 과정에 의해서만 전적으로 결정되지 않는다. 내적 과정은 열역학 제2법칙을 따른다. 즉, 한번 사용한 자유 에너지는 더 이상 쓸 수 없다. 그러나 개방 체계는 체계가 일을 하는 데 필요한 에너지를 환경으로부터 〈유입〉할 수 있다. 체계의 경계를 가로질러 자유 에너지(혹은 부엔트로피)가 들어올 수 있다.[*] 체계 내부에서 사용한 자유 에

---

[*] 체계의 엔트로피 변화는 유명한 프리고진 방정식 $dS=d_iS+d_eS$로 규정된다. 여기서 dS는 체계의 전체 엔트로피 변화, d_iS는 체계 내부의 비가역적인 과정에 의해서 생산된 엔트로피 변화, 그리고 d_eS는 체계의 경계를 가로질러 수송된 엔트로피를 나타낸다. 고립된 체계에서 dS는 항상 양수 값이다. 왜냐하면 체계가 일을 함에 따라 필연적으로 증가하게 되는 d_iS에 의해서만 그 값이 결정되기 때문이다. 그러나 개방 체계의 경우에, d_eS는 체계 내에서 생산된 엔트로피를 상쇄할 수 있고 심지어는 그것을 초과할 수 있다. 따라서, 개방 체계의 경우에 dS는 양수가 아닐 수도 있다. 즉, 그 값이 영이 되거나 음수 값이 될 수 있다. 개방 체계는 안정 상태에 있거나[$dS=0$], 또는 복합성

188

너지 양과 체계 경계를 가로질러 환경으로부터 유입된 자유 에너지의 양이 서로 균형을 이루어 상쇄되면 체계는 안정 상태, 즉 정지 상태에 있게 된다. 하지만 역동적인 환경에서는 일정 기간 동안에 사용한 자유 에너지의 양과 유입된 자유 에너지의 양이 균형을 이루는 경우가 거의 없기 때문에 실제로 체계들은 잘해야 〈초안정 metastable〉 상태에 머물게 된다. 즉, 체계들은 더 이상의 변화 없이 안정 상태에 안주해 버리기보다는 안정 상태 주위에서 요동치는 경향이 있다.

이와 같은 기본적 관념들이 많은 과학 분야에 다양한 방식으로 적용되고 검증되었으며 또한 정교하게 다듬어져 왔다. 진화론적 관념과 직접적으로 관련된 연구는 대략 두 개의 범주로 나눌 수 있다. 하나는 관찰과 실험에 기초한 실증적 연구이고, 다른 하나는 체계 행위를 다루는 형식적 모델(수학적 모델과 위상수학적 모델)에 관한 이론적 연구이다.

실증적 연구

다음과 같은 관찰 사실이 실증적 연구를 위한 출발점이 된다. 즉, 적절한 조건하에서 체계를 꿰뚫고 있는 지속적이고 풍부한 에너지 흐름을 통해 체계가 자유 에너지 수준이 높고 엔트로피 수준이 낮은 상태로 나아간다는 점이다. 1960년대에 프리고진이 예측한 바와 같이, 1968년에 생물학자인 모로비츠 Harold Morowitz

---

을 증대시킬 수도 있다[$dS<0$]. 이와 같은 체계의 엔트로피 변화는 방정식 $d_eS+d_iS\leq0$으로 표시할 수 있다. 즉, 체계 내부의 비가역적인 과정에 의해서 생산된 엔트로피가 환경으로 이동된다.

가 실험을 통해 입증한 바와 같이, 평형으로부터 멀리 떨어진 상태에 있는 비평형 체계를 통과하는 에너지의 흐름은 체계의 구조와 구성 요소들을 조직화하며 체계로 하여금 증대하고 있는 자유 에너지를 사용하고 저장할 수 있도록 해준다. 그와 동시에 체계의 복합성이 증대되면서 체계의 엔트로피는 감소한다.

진화의 중요한 척도는 체계가 지닌 자유 에너지의 단순한 증가가 아니라 체계가 보유하고 활용할 수 있는 자유 에너지 유동 밀도의 증가이다. 〈에너지 유동 밀도〉는, 예컨대 erg/second/cm^{3}처럼, 부피당 시간당 자유 에너지의 양을 측정한 것이다. 체계의 복합성이 증대되면 자유 에너지 유동 밀도의 양(즉, 체계의 부피당 시간당 자유 에너지 양)이 증가하게 된다. 복합적인 화학 체계는 하나의 단일 원자로 된 기체보다 그리고 하나의 생명 체계는 복합적인 화학 체계보다 에너지 유동 밀도 값이 더 크다. 이것은 진화의 기본적인 방향을 보여주고 있다. 즉, 살아 있는 우주는 물론 물리적 세계에서 시간의 화살을 규정하는 큰 흐름을 나타내고 있다.

시간에 따른 에너지 흐름과 엔트로피 변화 사이의 관련성 그리고 자유 에너지 유동 밀도는 평형으로부터 멀리 떨어진 상태에 있는 체계들이 〈어떻게〉 진화하는가 그리고 일정한 조건이 존재하기만 하면 그러한 체계들은 필연적으로 진화하는가 하는 문제에 답하는 데 있어서 본질적인 요인이다. 1970년대까지는 진화가 주로 우연적인 요인들로부터 기인하는 것이라는 프랑스 물리학자 자크 모노Jacques Monod의 견해가 지배적이었다. 그러나 1980년대에 들어서면서 많은 과학자들은 진화가 우연적인 것이 아니며 어떤 매개 변수들이 충족되기만 한다면 필연적으로 진화가 일어난다는 사실을 확신하게 되었다.

평형으로부터 멀리 떨어진 체계들의 진화에서 나타나는 비우연적인 특징이 실험과 정량적인 공식화를 통해 확인되고 있다. 복합적 체계들이 풍부하고 지속적인 에너지 흐름을 경험한 때에는 언제나 질서를 갖춘 구조가 출현한다. 이와 같은 현상을 낳는 원리들은 다음과 같다. 무엇보다도, 체계가 개방적이어야 한다는 점이다. 즉, 환경에 반응해서 받아들인 것들을 최종적인 산물로 방출할 수 있어야 한다. 그 다음으로, 체계가 하나 이상의 역동적인 안정 상태에서 안정되기 위해서는, 매우 다양한 구성 요소들과 복합적인 구조를 가지고 있어야 한다. 즉, 체계는 다중적 안정성 multistability을 지녀야 한다. 끝으로, 체계의 주요 구성 요소들 사이에 환류와 촉매 사이클이 있어야만 한다.

촉매 사이클의 필요성은 확고한 토대에 기초해 있다. 촉매 사이클은 폭넓은 상황 속에서도 지속될 수 있는 뛰어난 능력 덕분에 시간이 지나면서 자연스럽게 선택되는 경향이 있다. 촉매 사이클은 고도의 안정성을 가지고 매우 빠르게 작용한다. 여기에는 두 가지 종류가 있다. 즉, 하나의 반응 결과가 그 자체의 종합에 촉매로 작용하는 자동 촉매 auto-catalysis 그리고 두 가지 상이한 반응 결과들이 서로 상대편의 종합에 촉매로 작용하는 교차 촉매 cross-catalysis가 있다.

충분한 시간이 주어지고 에너지 흐름이 적절한 강도, 온도, 농도 내에서 체계에 지속적으로 작용하는 경우에, 생성되고 있는 초주기 hypercycle 내에서 기본적인 촉매 사이클들이 연결되는 경향이 있다. 진화론적 체계 이론에서는 이러한 과정을 〈수렴 Convergence〉으로 보고 있다. 진화하고 있는 체계들은 서로를 기능적으로 완성시키고 보완하기 때문에 수렴은 체계들 사이의 유사성을

증대시키지도 않고 —— 이데올로기와 사회·경제적 체계들의 수
렴에서처럼 —— 획일성을 가져오지도 않는다. 진화론적 수렴 과정
을 통해서 새로운 더 높은 수준의 체계들이 생겨난다. 이러한 체
계들은 선택적으로 하위 체계들의 미세한 역동성을 무시하고 하
위 체계들이 집단적인 양식에 따라 기능하도록 하는 내적인 제약
을 부과한다. 이러한 양식은 등장하고 있는 체계 자체의 양식으로
서 하위 체계들의 통합되지 않은 기능들을 합친 것보다 더욱 단
순하다.

수렴은 진화의 모든 영역에서 일어난다. 진화가 펼쳐질 수 있
는 것은 처음에는 단순한 구조를 지닌 체계들이 점점 더 높은 수
준의 체계들을 창조하기 때문이다. 매 수준마다 복합적 체계들은
환경에 있는 자유 에너지 유동을 이용한다. 체계가 보유한 자유
에너지 밀도가 증가함에 따라 체계는 구조적 복합성을 획득한다.
그와 같은 과정이 무한정 계속된다면 체계는 기능적인 최적 상태
에 도달하게 되며, 그것을 넘어서는 복합성의 증대는 역동적인 효
율성에 더 이상 도움이 되지 않는다. 그때부터 진화는 비선택적으
로 표류할 수 있는 것이다. 그러나 체계들이 계속해서 더 높은 수
준의 조직으로 수렴하기 때문에 구조적으로 보다 단순한 초체계
들 suprasystems은 복합성이 증대되는 구조들을 통해서 자유 에너
지를 점점 더 이용하게 되는 과정을 반복하게 된다.

요컨대, 진화의 과정은 초기에는 특정한 조직 수준에서 상대적
으로 단순한 역동적 체계들을 창조한다. 그 다음에는 현존하고 있
는 그러한 체계들을 점점 더 복합적인 체계로 이끈다. 그리고 마
침내는 다음 단계로 높은 조직 수준에서 보다 단순한 체계들을
창조하게 되고 거기서 복잡화가 새롭게 시작된다. 그러므로 진화

192

는 단순한 것으로부터 보다 복합적인 것으로 그리고 보다 낮은 조직 수준에서 보다 더 높은 조직 수준으로 나아가게 된다.

이러한 과정에 대한 실증적인 증거는 논란의 여지가 없다. 다양한 원자들이 분자로 수렴한다. 특수한 분자들은 수정이나 유기적인 거대 분자로 수렴한다. 그리고 유기적인 거대 분자는 세포 생명체를 구성하는 하위 세포 블록으로 수렴한다. 단세포 유기체들은 다세포 종으로 수렴한다. 그리고 매우 다양한 종들이 모여서 생태계를 이루게 된다. 각각의 조직 수준이 달성되면 그 수준에서 점점 더 복합적인 체계들이 진화한다. 원자 수준에서 구조들이 결합되어 수소, 우라늄 그리고 그 이상의 것들을 만든다. 분자 수준에서는 간단한 화학 분자들이 더 복잡한 중합체 polymer를 합성한다. 유기적 수준에서는 종들이 단세포에서 다세포 형태로 진화한다. 훨씬 더 방대한 생태학적 수준에서는 미숙한 생태계가 성숙한 최상의 형태를 향해 나아간다.

평형으로부터 멀리 떨어진 상태에 있는 역동적 체계들은 안정적이지 못하기 때문에 체계의 변화가 일어나고 진화가 펼쳐진다. 변화하는 환경 속에 있는 체계들은 역동적인 안정성의 상위 문턱점이 있는데, 이 한계를 넘어서는 경향이 있다. 문턱을 넘어설 때 체계에 심각한 불안정이 일어난다. 실험에 따르면, 평형으로부터 멀리 떨어진 체계들은 중요한 매개 변수들이 변함에 따라서 안정 상태로부터 〈쫓겨날〉 수 있다. 그러한 체계들은 촉매 사이클의 기능을 규정하는 매개 변수의 변화에 매우 민감하다는 사실이 밝혀지고 있다. 이러한 변수 값이 변화할 때 평형으로부터 멀리 떨어진 체계들은 불확정성과 혼돈을 특징으로 하는 전환 단계에 들어가며 엔트로피 생산이 갑자기 증가하게 된다. 이와 같은 일시적인 단계는 체계가 안정적인 하위 체계들로 해체되거나 아니면 혹은 일련의 새로운 역동적인 안정 상태를 발견하게 될 때에 끝이 난다. 만일 그것이 원래의 복합적인 실체로서 사라지지 않는다면, 그러한 체계는 새로운 역동적 체제로 진화한다. 이러한 체제 속에서 체계는 촉매 사이클과 다중적인 환류 기능에 의하여 다시 유지되며 엔트로피 생산은 최소한의 기능을 수행할 수 있는 수준으로 떨어진다.

역동적인 체계들이 그들 환경에서 일어나고 있는 불안정한 변화에 반응하는 방식은 자연의 다양한 영역에서 펼쳐지는 진화의 역동성을 이해하는 데 있어서 매우 중요하다. 역동적인 체계들은 시간이 지나면서 매끄럽고 연속적으로 진화하는 것이 아니라 상대적으로 갑작스런 도약과 돌발 사태를 통해서 진화한다. 실제 세계의 체계들은 다중적인 안정 상태를 가지고 있기 때문에 —— 하나의 안정 상태가 치명적으로 파괴되면 다른 안정 상태에 도달할 수 있다 —— 계속되는 불안정과 불확정한 단계들을 통해서 진화할 수 있다. 체계가 열역학적 평형으로부터 멀어지면 멀어질수록 체계의 구조는 더욱더 변화에 민감해지며 체계를 유지하는 환류 기능과 촉매 사이클은 더욱더 정교해지는 것이다.

최근 대두된 과학적 관념에 따르면, 대안이 될 수 있는 일단의 기능적인 안정 상태들 중에서 하나를 선택하는 것은 미리 결정된 것이 아니다. 그것은 체계의 초기 조건에서 기인하는 것도 아니고 결정적인 매개 변수를 조작함으로써 생겨나는 것도 아니다. 결정적인 위기의 순간에, 즉 체계가 결정적으로 불안정해지고 혼돈에 빠지게 될 때 복합적인 체계는 결정된 대로 행동하지 않는다. 가능성이 있는 무수히 많은 내적인 요동들 중에서 하나가 증폭되고,

증폭된 요동은 엄청난 속도로 체계 내부로 확산된다. 증폭되거나 또는 〈핵을 이룬〉 요동이 체계의 새로운 역동적 체제를 지배하게 되고 새로운 안정 상태를 결정하는 것이다.

이론의 발전

복합적 체계의 진화를 묘사하는 역동성이 관찰되면서 새로운 이론적 도구를 개발할 필요성이 커지고 있다. 이것은 전통적으로 변화의 모델을 만들기 위해 사용한 미분학에서 적절하게 다룰 수 없는 역동적인 체계 변화의 불연속적이고 비선형적인 성질을 고려할 때 특히 그렇다. 기본적으로 미분학은 변화가 매끄럽고 연속적인 것이라는 전제에서 출발하고 있다.

최근 고전 역학에서 갈라져 나온 역학적 체계 이론은 이와 같은 도전에 직면해서 등장하였다. 역학적 체계 이론가들은 모델에 대한 본연의 이론적 관심뿐만 아니라 이것을 경험 세계의 복합적 체계에 적용하기 위해서 복합적인 체계 행위에 관한 수학적 모델들을 정교하게 다듬었다. 그 모델들(진화의 유형에 관한 상미분 방정식, 편미분 방정식, 그리고 단일 혹은 집합 유한차분 방정식으로 구성된 모델)은 복합적인 체계 행위의 역학적 측면들을 시뮬레이션으로 보여주고 있다. 시뮬레이션 모델의 발달은 그것들이 실제로 적용될 수 있는 범위에만 한정되지 않는다. 역학적 체계 이론가들은 그들의 수학적 도구를 활용할 수 있는 가능한 모든 모델들을 탐색한 다음에 그 모델들을 적용할 수 있는 다양한 실증적 체계들을 찾는다. 이와 같은 가설 연역적 접근법은 다양한 모델들과 시뮬레이션을 가능하게 하며 매우 다양한 복합적 체계들의 행위에서 나타나는 비연속적인 변환을 이해하는 데 큰 도움을 줄 수 있다.

역학적 체계 이론의 용어 가운데 정태적, 주기적, 혼돈적인 유인자들은 복합적 체계들의 장기적인 행위를 지배한다. 정태적 유인자는 어느 하나의 체계가 위치할 수 있는 상태들의 궤적 —— 체계의 시계열 —— 을 〈사로잡기〉 때문에 체계는 하나의 안정적인 상태에서 정지해 있게 된다. 주기적 유인자는 일정한 시간 간격으로 체계 상태들이 반복되는 사이클을 그리게 된다. 그렇게 되면 체계는 진동 상태에 있게 된다. 다음으로, 혼돈적인 유인자는 무작위 상태에 가까운 일련의 혼돈 상태들을 야기시킨다. 여기서 체계는 정지해 있지도 않고 진동 상태에 있는 것도 아니다. 대신에 결코 무질서하지 않은 이상한 행위를 계속해서 보여주게 된다.

최근에 혼돈 행위가 매우 다양한 체계에서 발견되고 있다. 혼돈 행위는 유체의 흐름 그리고 응고 시 물질의 혼합 과정 등 다양한 과정에서 나타나고 있다. 섭동 turbulence 현상은 하나의 적절한 사례이다. 이것이 알려진 것은 19세기 이후지만 그 원인에 대해서는 확실히 알지 못했었다. 그러다가 1923년경에 유체 역학 실험을 통해서 고리 모양의 테일러 소용돌이 annular Taylor vortex 현상이 밝혀지게 되었다. 이것은 유체를 휘젓는 속도가 임계점을 넘어서 증가하게 될 때에 나타난다. 휘젓는 속도가 더욱 증가하게 되면 갑작스런 변형이 부가적으로 나타나게 되고 궁극적으로는 섭동이 일어난다. 그리고 섭동은 혼돈 상태의 하나의 패러다임이다.

경험 세계에 있는 복합적 체계들의 행위는 많은 상이한 유인자들에 의해 동시에 영향을 받는 것이 보통이다. 따라서 역학적 체계 이론가들은 그에 상응하는 복잡한 모델을 가지고 복합적 체계들을 규명하고 있다. 그와 같은 모델에서 체계 행위의 갑작스럽고 주요한 변화들은 두갈래치기를 보여주고 있다. 두갈래치기는 체계들의 단계 묘사를 나타내며, 결정적인 매개 변수들을 구성하고 있는 일종의 〈조종 장치〉가 변화되어 생겨난다. 두갈래치기는 하나의 유인자 타입이 다른 타입으로 교체되는 것으로, 예를 들면 정태적인 유인자가 주기적인 유인자로 바뀌는 것으로서 모형화된다. 지금까지 정태적이던 체계가 진동하기 시작하거나 또는 주기적인 것에서 혼돈적인 유인자로의 교체가 일어나 지금까지 진동하던 체계가 혼돈 속으로 빠져들어 가기도 한다. 이와 같은 이른바 〈미묘한〉 두갈래치기들은 기본적인 체계 변화 가운데 단지 하나에 불과하다. 이 밖에, 제3장에서 살펴본 바와 같이, 〈폭발적인〉 두갈래치기와 〈파멸적인〉 두갈래치기 등도 있다. 그러한 —— 일상적인 의미에서의 폭발이나 대파괴를 의미하는 것이 아닌 —— 두갈래치기들은 정태적, 주기적, 혹은 혼돈적인 유인자들의 갑작스런 출현이나 〈뜻밖의〉 소멸로 이루어져 있다.

역학적 체계 이론가들이 구성한 두갈래치기들은 실제 세계 체계에 의미 있게 적용될 수 있다. 미묘한 두갈래치기는 열역학적 평형 상태로부터 멀리 떨어진 체계들이 점점 불안정해지는 것을 표시한다. 이것은 마치 안정적인 평형 상태에서 이루어지는 일련의 화학 반응과 같이 하나의 체계가 진동하기 시작하거나 또는 화학 시계와 같은 하나의 진동 체계가 요동치기 시작하는 경우이다. 역학적 체계 이론가들은 안정적인 평형 상태로부터 혼돈으로 이끄는 그와 같은 몇몇 〈시나리오들〉을 수학적 모델로 보여주고 있다. 유인자들의 재배치를 통해 요동으로부터 새롭게 질서화된 상태로 이끄는 폭발적인 혹은 파멸적인 두갈래치기들을 다루는 모델들은 실제 세계 체계의 진화론적 과정들을 보여주고 있다. 두

갈래치기들은 원자에서부터 유기적 종들 그리고 전 생태계와 사
회에 이르는 다양한 모든 실제 체계의 진화에 기초가 되는 변환
의 종류이다.

결론

복합적인 체계들의 진화를 다룰 수 있는 현대적인 접근법은 다
음과 같이 간단하게 요약될 수 있다. 지속적인 에너지 흐름 속에
서 촉매 사이클에 의해 유지되고 있는 비평형 체계들, 안정적인
시기의 확고한 질서를 두갈래치기 동안의 창조적인 혼돈 상태로
교체하는 것, 그리고 더 높은 조직 수준으로 계속 나아가면서 복
합성이 증대되어 가는 통계학적인 경향 등이 그 기본적인 요소들
이다.

자동 촉매와 교차 촉매의 환류 루프들은 빠른 반응 속도와 고
도의 안정성 덕분에 평형으로부터 멀리 떨어진 상태에 있는 개방
체계들을 지배하고 있다. 그러나 어떠한 자기 안정적 반응 사이클
도 붕괴를 피할 수는 없기 때문에 환경의 끊임없는 변화는 조만
간 자기 안정적 사이클이 더 이상 작동할 수 없는 조건들을 낳게
된다. 그 결과 이러한 체계들은 역학적 체계 이론에서 두갈래치기
로 알려진 지점과 조우하게 된다. 실험과 이론을 통해서 증명되었
듯이, 본질적으로 평형으로부터 멀리 떨어진 상태에 있는 체계들
의 결과는 결정되어 있지 않다. 그것은 초기 조건의 함수도 아니
고 조종 장치의 역할을 하는 매개 변수들의 변화 함수도 아니다.
그러나 두갈래치기가 점차로 복합적인 체계들을 열역학적 평형으
로부터 더욱더 멀어지게 한다는 매우 중요한 개연성이 존재한다.

시간이 지나면서 체계들은 오랜 기간 동안 더욱 집약적인 자유 에너지의 흐름을 유지하며 체계의 엔트로피를 감소시킨다. 이러한 개연성이 없다면, 통계적으로 볼 때 체계가 복합적이고 역동적인 비평형 체계로 비가역적으로 진화하기보다는 어느 정도 조직화된 상태들 사이에서 무작위적으로 표류하게 될 것이다.

어느 한 수준에서 촉매 사이클들이 연결되고 초주기들을 형성함에 따라 점차적으로 더 높은 수준의 조직들이 생겨난다. 결국, 이것들이 더 높은 조직 수준에 있는 체계들이 되는 것이다. 따라서 분자는 화학적으로 활동적인 원자들이 결합되어 생겨난다. 원생 세포는 복합적인 분자들이 연결되어 출현한다. 진핵 세포는 무핵 생물들 가운데서 생겨난다. 그리고 후생 동물은 원생 동물 가운데서 나타나며 이것은 더 나아가 더 높은 수준의 생태학적인 체계들과 사회적 체계로 수렴하는 것이다.

이와 같은 요인들과 그 과정은 자연의 모든 영역에 타당하게 적용될 수 있다. 즉, 가장 기본적인 미립자와 무한한 우주에서 소용돌이 치고 있는 원자로부터 지구의 생활권 내에서 생태계와 사회를 형성하고 있는 가장 복합적인 유기체들에 이르기까지 타당하게 적용될 수 있는 것이다.

권장할 만한 참고 문헌

Abraham, F. D.(1989). "Toward a Dynamical Theory of the Psyche. Archetypal Patterns of Self-reflection and Self-organization." *Psychological Perspectives* 20 : 156-157(Spring-Summer).

Abraham, R.(1987). "Complex Dynamics and the Social Sciences." *World Futures* 23 : 1-10.

Abraham, R., and C. Shaw(1984). *Dynamics : The Geometry of Behavior*, 4 vols. Santa Cruz : Aerial Press.

Ackoff, R. L.(1981). *Creating the Corporate Future*. New York : Wiley.

Ackoff, R. L.(1964). "General Systems Theory and Systems Research : Contrasting Conceptions of Systems Science." In : *Views on a General System Theory : Proceedings from the Second System Symposium*, ed. M. Mesarovic. New York : John Wiley & Sons.

Allport, G.(1968). "The Open System in Personality Theory." In : *Modern Systems Research for the Behavioral Sciences*, ed. W. Buckley, pp. 343-350. Chicago : Aldine.

Angyal, A.(1961). *Foundations for a Science of Personality*. Cambridge :

Harvard University Press.

Ashby, W. R.(1962). "Principles of the Self-organizing System." In: *Principles of Self-Organization*, eds. H. von Foerster and G. W. Zopf. New York: Pergamon Press.

———— (1956). *An Introduction to Cybernetics*. London: Chapman & Hall; New York: Barnes & Noble.

Atlan, H.(1987). "Uncommon Finalities." In: *Gaia: A Way of Knowing. Political Implications of the New Biology*, ed. W. I. Thompson, pp. 110–127. Great Barrington, MA: Lindisfarne Press.

Augros, R., and G. Stanciu(1987). *The New Biology. Discovering the Wisdom in Nature*. Boulder: New Science Library, 1987.

Axelrod, P.(1984). *The Evolution of Cooperation*. New York: Basic Books.

Bailey, K.(1990). *Social Entropy Theory*. New York: State University of New York Press.

Banathy, B.(1987). "The Characteristics and Acquisition of Evolutionary Competence." *World Futures* 23: 123–144.

———— (1988). "Matching Design to System Type." *Systems Research* 5: 27–34.

———— (1991). *Systems Design of Education. A Journey To Create The Future*. Englewood Cliffs, NJ: Educational Technology Publications.

———— (1992). *A Systems View of Education*. Englewood Cliffs, NJ, Educational Technology Publications.

Barron, F.(1987). "Bergson and the Modern Psychology of Creativity." In : *Bergson and Modern Thought*, eds. A. C. Papanicolaou and P. A. Y. Gunterm, pp. 205-222. New York : Gordon & Breach.

———— (1988). "Putting Creativity to work." In : *The Nature of Creativity*, ed. R. Sternberg, pp. 76-98. Cambridge : Cambridge University Press.

———— (1990). *Creativity and Psychological Health*. Buffalo, NY : Creative Education Foundation(originally published 1963).

———— (1993). *No Rootless Flower. Thoughts on an Ecology of Creativity*. Creskill, NJ : Hampton Press.

Bateson, G.(1972). *Steps to an Ecology of Mind*. New York : Ballantine.

———— (1979). *Mind and Nature : A Necessary Unity*. New York : Ballantine.

Bateson, G., and Bateson, M. C.(1987). *Angels Fear*. New York : Macmillan.

Battista, J. R.(1977). "The Holistic Paradigm and General System Theory." *General Systems* 22 : 65-71.

Beer, S.(1979). *Platforms of Change*. New York : John Wiley & Sons.

Beishon, J., and G. Peters(1972). *Systems Behavior*. New York : Open University Press.

Bennis, W., et al.(Eds.)(1962). *The Planning of Change*. New York : Holt, Rinehart & Winston.

Berger, P. L., and T. Luckman(1966). *The Social Construction of Reality : A Treatise in the Sociology of Knowledge*. New York : Doubleday.

Bergson, H.(1935). *The Two Sources of Morality and Religion*. Notre Dame, IN : University of Notre Dame Press.

───── (1981). *Creative Evolution*. Lanham, MD : University Press of America(originally published 1911).

Berman, M.(1982). *The Reenchantment of the World*. Ithaca : Cornell University Press.

Bertalanffy, L. von(1952). *Problems of Life : An Evaluation of Modern Biological Thought*. New York : John Wiley & Sons.

───── (1962). "General System Theory — A Critical Review." *General Systems* 7 : 1–20.

───── (1967). *Robots, Men and Minds*. New York : George Braziller.

───── (1968). *General System Theory : Essays on its Foundation and Development*, rev. ed. New York : George Braziller.

───── (1975). *Perspectives on General System Theory : Scientific-Philosophical Studies*, ed. Edgar Taschdjian. New York : George Braziller.

Bloomfield, B. P.(1986). *Modelling the World : The Social Construction of Systems Analysts*. New York : Basil Blackwell.

Blum, H. F.(1968). *Time's Arrow and Evolution*, 3rd ed. Princeton : Princeton University Press.

Bocchi, G., and Ceruti, M.(1985). *La Sfida della Complessità* [*The Challenge of Complexity*]. Milano : Feltrinelli.

Bohm, D., and Peat, D. F.(1987). *Science, Order, and Creativity*. New York : Bantam.

Boulding, K. E.(1953). *The Organizational Revolution : A Study in the Ethics of Economic Organization*. New York : Harper.

───── (1956). "General Systems Theory ── The Skeleton of

Science." *Management Science* 2 : 197-208.

―――― (1961). *The Image : Knowledge in Life and Society*. Ann Arbor, MI : Ann Arbor Paperbacks.

―――― (1981). *Ecodymanics : A New Theory of Societal Evolution*. London : Sage Publications.

Bowler, T. D.(1981). *General Systems Thinking : Its Scope and Applicability*. New York : Elsevier North Holland.

Briggs, J. P., and Peat, F. D.(1984). *Looking Glass Universe. The Emerging Science of Wholeness*. New York : Touchstone.

―――― (1989). *Turbulent Mirror*. New York : Harper & Row.

Brown, L.(1981). *Building a Sustainable Society*. New York : Norton.

Buckley, W.(1967). *Sociology and Modern Systems Theory*. Englewood Cliffs, NJ : Prentice-Hall.

Buckley, W.(Ed.)(1968). *Modern Systems Research for the Behavioral Scientist*. Chicago : Aldine.

Byeon, J. H.(1999). "Non-equilibrium Thermodynamic Approach to the Change in Political Systems," *Systems Research & Behavioral Science* Vol. 16, No. 4 : 283-291.

Capra, F.(1996). The *Web of Life*. New York : Anchor Books.

Capra, F.(1980). *The Turning Point*. New York : Bantam.

Cavallo, R. E.(Ed.)(1979). *Systems Research Movement : Characteristics, Accomplishments, and Current Developments*. Louisville, KY : Society for General Systems Research.

Ceruti, M.(1993). *Constraints and Possibilities : The Evolution of Knowledge and the Knowledge of Evolution*. New York : Gordon & Breach.

Chaisson, E. J.(1981). *Cosmic Dawn : The Origin of Matter and Life*. Boston : Atlantic, Little, Brown.

Checkland, P.(1981). *Systems Thinking, Systems Practice*. New York : John Wiley.

Churchman, C. W.(1971). *The Design of Inquiring Systems : Basic Concepts of Systems and Organizations*. New York : Basic Books.

———— (1979a). *The Systems Approach and Its Enemies*. New York : Basic Books.

———— (1979b). *The Systems Approach*, rev. and updated ed. New York : Harper & Row.

Churchman, C. W., and R. L. Ackoff(1950). *Methods of Inquiry : An Introduction to Philosophy and Scientific Method*. St Louis : Educational Publications.

Csikszentmihalyi, M.(1988). "Society, Culture and Person : A Systems View of Creativity." In : *The Nature of Creativity*, ed. R. Sternberg, pp. 325–339. Cambridge : Cambridge University Press.

Curtis, R. K.(1982). *Evolution or Extinction*. Oxford : Pergamon Press.

Davidson, M.(1983). *Uncommon Sense : The Life and Thought of Ludwig von Bertalanffy 1901–1972, Father of General Systems Theory*. Foreword by R. Buckminster Fuller and Introduction by Kenneth E. Boulding. Los Angeles : J. P. Tarcher.

Davies, P.(1988). *The Cosmic Blueprint. New Discoveries in Nature's Creative Ability to Order the Universe*. New York : Touchstone.

De Greene, K.(1993). "Field–Theoretic Framework for Systems Theory and Systems Thinking," In : *A System–Based Approach to*

Policymaking, ed. K. B. De Greene, pp. 103-137, Boston : Kluwer Academic Publishers.

Dell, P. F., and Goolishian, H. A.(1981). "Order Through Fluctuation : An Evolutionary Epistemology for Human Systems." *Australian Journal of Family Therapy* 2 : 175-184.

Demerath, N. J., and R. A. Peterson(Eds.)(1967). *System, Change and Conflict*. New York : Free Press.

Deutsch, K. W.(1963). *The Nerves of Government*. New York : Free Press.

Dobzhansky, T.(1967). *The Biology of Ultimate Concern*. New York : New American Library.

Easton, D.(1965). *A Framework for Political Analysis*. Englewood Cliffs, NJ : Prentice-Hall.

Easton, D.(1965). *A Systems Analysis of Political Life*. New York : John Wiley.

Easton, D.(1990). *The Analysis of Political Structure*. New York : Routledge.

Eisler, R.(1987). *The Chalice and the Blade. Our History, Our Future*. San Francisco : Harper Collins.

Eldredge, N.(1985). *Time Frames*. New York : Simon and Schuster.

Elsasser, W. M.(1966). *Atom and Organism : A New Approach to Theoretical Biology*. Princeton : Princeton University Press.

Emery, F. E.(Ed.)(1969). *Systems Thinking : Selected Readings*. England : Penguin Books.

Errington, P. L.(1967). *Of Predation and Life*. Ames : Iowa State University Press.

Falk, R., S. S. Kim, and S. H. Mendlovitz(Eds.)(1982). *Toward a Just World Order*. Boulder, CO : Westview Press.

Farmer, J. & Sidorowich, J.(1987). *Predicting Chaotic Time Series*. Mineo : Los Alamos National Laboratory.

Foerster, H. von, and G. W. Zopf, Jr.(Eds.)(1962). *Principles of Self-Organization : University of Illinois Symposium on Self-Organization*. New York : Pergamon Press.

Fuller, B.(1970). *Operating Manual for Spaceship Earth*. Carbondale : Southern Illinois University Press.

Gerard, W. E.(1969). "Hierarchy, Entitation, and Levels." In : *Hierarchical Structures*, eds. L. L. Whyte, A. G. Wilson, and D. Wilson. New York.

Gharajedaghi, J.(1985). *Toward a Systems Theory of Organization*. Seaside, CA : Intersystems Publications.

Gleick, J.(1988). *Chaos : Making a New Science*. New York : Penguin Books.

Goerner, S.(1994). *Chaos and the Evolving Ecological Universe*. New York : Gordon and Breach Science Publishers.

Gray, W., and N. D. Rizzo(Eds.)(1973). *Unity Through Diversity : A Festschrift for Ludwig von Bertalanffy*. New York : Gordon and Breach Science Publishers.

Gray, W., F. D. Duhl, and N. D. Rizzo(Eds.)(1969). *General Systems Theory and Psychiatry*. Boston : Little, Brown & Company.

Grinker, Ackoff, R. L.(1981). *Creating the Corporate Future*. New York :

Wiley.

Grinker, R. R.(Ed.)(1956). *Toward a Unified Theory of Human Behavior.* New York : Basic Books.

Guidano, V. F.(1987). *Complexity of the Self. A Developmental Approach to Psychopathology and Therapy.* New York : Guilford.

Hall, Edward T.(1966). *The Hidden Dimension.* New York : Doubleday.

Hampden-Turner, C.(1981). *Maps of the Mind.* New York : Collier.

Harris, Dale(Ed.)(1957). *The Concept of Development : An Issue in the Study of Human Behavior.* Minneapolis : University of Minnesota Press.

Harris, E. E.(1965). *The Foundations of Metaphysics in Science.* London : George Allen and Unwin.

Heisenberg, W.(1971). *Physics and Beyond.* New York : Harper & Row.

Henderson, H.(1978). *Creating Alternative Futures.* New York : Putnam.

———— (1981). *The Politics of the Solar Age.* Garden City, New York : Anchor.

Huxley, J.(1953). *Evolution in Action.* New York : Harper.

Jantsch, E.(1975). *Design for Evolution : Self-Organization and Planning in the Life of Human Systems.* New York : George Braziller.

Jantsch, E.(1980). *The Self Organizing Universe.* New York : Pergamon Press.

Jantsch, E., and C. H. Waddington(1976). *Evolution and Consciousness.*

Human systems in Transition. Reading, MA : Addison-Wesley.

Katsenelinboigen, A.(1984). *Some New Trends in System Theory.* Seaside, CA : Intersystems Publications.

Kiel, L. D., and F Elliott(Eds).(1996). *Chaos Theory in the Social Sciences : Foundations and Applications.* Ann Arbor : The University of Michigan Press.

Klir, G. J.(Ed.)(1972). *Trends in General Systems Theory.* New York : Wiley-Interscience.

Knorr, K., and Sidney Verba(Eds.)(1961). *The International System : Theoretical Essays.* Princeton : Princeton University Press.

Koestler, A.(1979). *Janus : A Summing Up.* London : Picador.

Koestler, A., and J. R. Smythies(Eds.)(1969). *Beyond Reductionism : New Perspectives in the Life Sciences.* London and New York : Macmillan.

Krippner, S. Ruttenber, A. J., S. R. Engelman, and D. L. Granger (1985). "Towards the Application of General Systems Theory in Humanistic Psychology." *Systems Research* 2 : 105-115.

Kroeber, A. L.(1944). *Configurations of Culture Growth.* Berkeley/ Los Angeles : University of California Press.

Kuhn, A.(1963). *The Study of Society : A Unified Approach.* Homewood, IL : Irwin.

Lange, O.(1956). *Wholes and Parts : A General Theory of System Behavior.* New York : Pergamon Press.

Laszlo, E.(1969). *System, Structure and Experience.* New York : Gordon and Breach.

——— (Ed.)(1972). *The Relevance of General Systems Theory : Papers Presented to Ludwig von Bertalanffy on His Seventieth Birthday*. New York : George Braziller.

——— (1972). *Introduction to Systems Philosophy : Toward a New Paradigm of Contemporary Thought*. New York : Gordon & Breach Science Publishers ; New York : Harper & Row, 1973.

——— (1974). *A Strategy for the Future : The Systems Approach to World Order*. New York : George Braziller.

——— (Ed.)(1974). *The World System : Models, Norms, Applications*. New York : George Braziller.

——— (1975). "The Meaning and Significance of General System Theory." *Behavioral Science* 20(1) : 9–24(Janurary).

——— (1983). *Systems Science and World Order : Selected Studies*. Oxford : Pergamon Press.

——— (1987). *Evolution : The Grand Synthesis*. Boston and London : New Science Library, Shambhala Publications.

——— (1993), *The Creative Cosmos : A Unified Science of Matter, Life, and Mind*. Edinburgh : Floris Books.

Lerner, D. S.(Ed.)(1963). *Parts and Wholes*. New York : Free Press.

Lewin, K.(1951). *Field Theory in Social Science : Selected Theoretical Papers*, ed. Dorwin Cartwright. New York : Harper.

Lilienfeld, R.(1978). *The Rise of Systems Theory : An Ideological Analysis*. New York : Wiley.

Loye, D.(1971). *The Healing of a Nation*. New York : Norton.

——— (1977). *The Leadership Passion*. San Francisco : Jossey Bass.

———— (1983). *The Sphinx and the Rainbow*. New York : Bantam.

———— (1990). "Moral Sensitivity and the Evolution of Higher Mind." *World Futures* 30 : 41–52.

Loye, D., and R. Eisler(1987). "Chaos and Transformation : Implications of Nonequilibrium Theory for Social Science and Society." *Behavioral Science* 32 : 53–65.

Loye, D.(1991). "Chaos and Transformation : Implications of Nonequilibrium Theory for Social Science and Society," In : *The New Evolutionary Paradigm*, ed. E. Laszlo, pp. 11–31. New York : Gordon and Breach Science Publishers.

Luhman, N.(1982). *The Differentiation of Society*. New York : Columbia University Press.

Mainzer, K.(1996). *Thinking in Complexity : The Complex Dynamics of Matter, Mind, and Mankind*. Berlin : Springer.

Margenau, H.(Ed.)(1972). *Integrative Principles of Modern Thought*. New York : Gordon and Breach.

———— (1961). *Open Vistas : Philosophical Perspectives of Modern Science*. New Haven : Yale University Press.

———— (1974). "Paradigmatology and Its Applications to Cross-disciplinary, Cross-professional and Cross-cultural Communication." *Dialectica* 28 : 135–196.

———— (Ed.)(1982). *Context and Complexity : Cultivating Contextual Understanding*. New York : Springer Verlag.

Maruyama, M.(1983). "Management Characteristics, Underlying Mindscape Types, and Their Historical Development." In : *The*

Relation Between Major World Problems and Systems Learning, ed. G. E. Lasker, pp. 553–559. Seaside : Intersystems Publications.

Maruyama, M. J.(1963). "The Second Cybernetics : Deviation Amplifying Mutual Causal Processes." *American Scientist* 51 : 164–179.

Maslow, A. H.(Ed.)(1954). *Motivation and Personality.* New York : Harper(new ed. 1970).

———— (1959). *New Knowledge in Human Values.* New York : Harper.

———— (Ed.)(1966). *The Psychology of Science.* New York : Harper & Row.

Mather, K. F.(1974). *The Permissive Universe.* New York : Gordon & Breach.

Maturana, H., and Varela, F.(1987). *The Tree of Knowledge.* Boston : New Science Library.

Matson, F. W.(1964). *The Broken Image.* New York : Braziller.

McCulloch, W. S.(1965). *Embodiments of Mind.* Cambridge : MIT Press.

Menninger, K., M. Mayman, and P. Pruyser(1963). *The Vital Balance : The Life Process in Mental Health and Illness.* New York : Viking Press.

Merton, P.(1988). "Systems Simulation : The Simulation of Social System Evolution with Spiral Loops," *Behavioral Science* 33 : 131–157.

Miller, J. G.(1986). "Can Systems Theory Generate Testable Hypotheses? : From Talcott Parsons to Living Systems Theory," *Systems Research* Vol. 3, No. 2 : 73–84.

Miller, J. G.(1969). "Living Systems : Basic Concepts." *In :* *General*

Systems Theory and Psychiatry, eds. W. Grey, D. F. Duhl, and N. Rizzo. Boston.

Montuori, A.(1989). *Evolutionary Competence. Creating the Future.* Amsterdam : J. C. Gieben.

Montuori, A., and Conti, I.(1993). *From Power to Partnership : Creating the Future of Love, Work, and Community.* San Francisco : Harper Collins.

Morgan, L.(1923). *Emergent Evolution.* London : Williams and Norgate.

Nappelbaum, E. L., Yu A. Yaroshevskii, and D. G. Zaydin(1984). *Systems Research : Methodological Problems.* Prepared by USSR State Committee for Science and Technology, USSR Academy of Sciences, Institute for Systems Studies. Oxford and New York : Pergamon Press.

Nicolis, G. and I. Prigogine(1989). *Exploring Complexity.* New York : W. H. Freeman and Company.

Northrop, F. S. C.(1947). *The Logic of the Sciences and the Humanities.* New York : Macmillan.

Parsons, T.(1957). *The Social System.* New York : Free Press.

——— (1960). *Structure and Process in Modern Societies.* Glencoe, IL : Free Press.

Parsons, T., E. A. Shils, K. D. Naegele, and T. R. Pitts(Eds.)(1961). *Theories of Society.* New York : Free Press.

Portmann, A.(1961). *Animals As Social Beings.* New York : Viking Press.

Prigogine, I.(1996). *The End of Certainty : Time, Chaos, and the New Laws of Nature*. New York : The Free Press.

Prigogine, I. and I. Stengers(1984). *Order out of Chaos : Man's New Dialogue with Nature*. New York : Bantam Books.

Rapoport, A.(1968). "General System Theory." In : *The International Encyclopedia of Social Sciences*, ed. David L. Sills. New York : The Macmillan Publishing Co. & The Free Press.

———— (1986). *General System Theory : Essential Concepts and Applications*. Cambridge, MA : Abacus Press.

Rhee, Yong-Pil(1984). *The Breakdown of Authority Structure in Korea in 1960 : A Systems approach*. Seoul : Seoul National University Press.

———— (1999). *Dynamics and Complexity of Political System*. Seoul : Ingansarang Press.

Rosenau, J. N.(Ed.)(1969). *Linkage Politics*. New York : Free Press.

Rosenblueth, A.(1970). *Mind and Brain : A Philosophy of Science*. Cambridge : MIT Press.

Russell, P.(1982). *The Awakening Earth : The Global Brain*. London : Routledge.

Salk, J.(1983). *Anatomy of Reality : Merging of Intuition and Reason*. New York : Columbia University Press.

Schroedinger, E.(1945). *What is Life?* Cambridge : Cambridge University Press.

Scott, W.(1992). *Organizations : Rational, Natural, and Open Systems*. Englewood Cliffs, NJ : Prentice-Hall.

Selye, H.(1956). *The Stress of Life*. Toronto and New York : McGraw-Hill.

Simon, H. A.(1969). *The Sciences of the Artificial*. Cambridge : MIT Press.

Sinnot, E. W.(1963). *The Problem of Organic Form*. New Haven : Yale University Press.

Sorokin, P. A.(1966). *Sociological Theories of Today*. New York : Harper & Row.

Spencer, H.(1896). *First Principles*. New York : D. Appleton & Co..

Stamps, J. S.(1980). *Holonomy : A Human Systems Theory*. Seaside : Intersystems Publications.

Stanley-Jones, D., and K. Stanley-Jones(1960). *The Cybernetics of Natural Systems : A Study in Patterns of Control*. New York : Pergamon Press.

Stewart, I.(1989). *Does God Play Dice? : The Mathematics of Chaos*. Oxford : Basil Blackwell Ltd..

Teilhard de Chardin, P.(1965). *The Phenomenon of Man*. New York : Harper & Row.

Thayer, L.(Ed.)(1970). *Communication : General Semantics Perspectives*. New York : Spartan.

Ulrich, W.(1988). "Systems Thinking, Systems Practice, and Practical Philosophy : A Program of Research." *Systems Practice* 1 : 137-163.

Varela, F. J.(1981). "Autonomy and Autopoiesis." In : *Self-Organizing Systems : An Interdisciplinary Approach*, eds. Gerhard Roth and Helmut Schwegler. Frankfurt : Campus Verlag.

Von Glasersfeld, E.(1987). *The Construction of Knowledge*. Salinas, CA : Intersystems Publications.

Waddington, C. H.(Ed.)(1970). *Towards a Theoretical Biology*. Chicago : Aldine.

Walter, W. G.(1953). *The Living Brain*. London and New York : Norton.

────── (1970). "The Past and Future of Cybernetics in Human Development." In : *Progress of Cybernetics*, ed. J. Rose, Vol 1, pp. 45-56.

Watzlawick, P.(Ed.)(1983). *The Invented Reality*. New York : Norton.

Weiss, P. A.(1968). *Dynamics of Development : Experiments and Inferences*. New York : Academic Press.

────── (Ed.)(1971). *Hierarchically Organized Systems in Theory and Practice*. New York : Hafner.

Whitehead, A. N.(1920). *The Concept of Nature*. Cambridge : Cambridge University Press.

────── (1925). *Science and the Modern World*. New York : Macmillan.

Whorf, B. L.(1956). *Language, Thought and Reality : Selected Writings of B. L. Whorf*, ed. John B. Carroll. New York : Wiley.

Whyte, L. L.(1949). *Unitary Principles in Physics and Biology*. New York : Henry Holt.

────── (1950). *The Next Development in Man*. New York : Mentor Books.

Whyte, L. L., A. G. Wilson, and D. Wilson(Eds.)(1969). *Hierarchical Structures*. New York : American Elsevier.

Wiener, N.(1954). *The Human Use of Human Beings : Cybernetics and Society*, 2nd ed. Garden City, NY : Doubleday Anchor Books.

Wilson, R. A.(1986). *The New Inquisition. Irrational Rationalism in the Citadel of Science*. Phoenix, AZ : Falcon Press.

Woodger, J. H.(1952). *Biology and Language*. Cambridge : Cambridge University Press.

Woodger, J. H.(1966). *Biological Principles*. New York : Humanities Press.

역자 후기

　지난한 기다림이었다. 책에 매료되어 번역을 마친 뒤, 완성된 원고를 출판사에 넘긴 지 어느덧 2년이 되어간다. 그 동안 많은 우여곡절이 있기는 했지만 이제 한 권의 책으로 접할 수 있게 되어 다행스럽게 생각한다. 무엇보다도 독자들에게 체계과학systems science을 소개할 수 있는 기회를 갖게 된 것이 기쁘기만 하다. 대학원에 진학한 이후 줄곧 몰두해 온 체계과학을 소개할 수 있는 기회를 얻고자 했었는데, 이제 부족하나마 그 일단을 보여줄 수 있게 되어 반가울 뿐이다.

　체계과학은 그 이론적 가치와 방법론적 적실성에도 불구하고, 자연과학적 지식을 배경으로 하고 있다는 점에서 이해와 적용에 많은 어려움이 있었던 것이 사실이다. 그러나 이 책은 조금 다르다. 체계 이론의 핵심적 아이디어들을 토대로 지금 우리 인류가 직면한 전지구적 위기의 문제를 진단하고 이에 대한 대안을 제시함으로써 자연과학이 아닌 인문·사회과학의 관점에서 체계과학에 접근할 수 있는 비교적 쉬운 길을 보여주고 있다. 따라서 그 동안 체계과학의 중요성에 공감하면서도 거기에 쉽게 접근하기 어려웠던 독자들에게는 지금 우리의 문제를 통해서 체계론적 사고를 이해하고 적용할 수 있는 하나의 모델이 될 수 있다고 생각한다.

　우리가 살고 있는 세계는 엄청난 속도로 변화하고 있다. 그리고 그 변화의 폭과 깊이도 우리가 상상할 수 있는 것 이상으로 펼쳐지고 있다. 이것이 바로 우리가 현대 이후의 사회를 명확하게 규정짓지 못하는 하나의 이유이고, 인류가 불확실성과 혼돈 속에서 두려움을 갖게 되는 이유이기도 하다. 따라서 오늘날 우리 사회를 특징짓고 있는 역동적인 변화의 과정과 그 복합적 양태를 올바로 인식하는 것은 인류의 생존 자체는 물론 보다 발전적이고 인간다운 삶을 영위하는 데 있어서 매우 중요한 선결 과제임에 틀림없다. 체계론자인 라즐로 Ervin Laszlo의 *Vision 2020 : Reordering Chaos for Global Survival*(Pennsylvania : Gordon & Breach, 1994)을 완역한 이 책은 바로 이와 같은 요청에 대해 매우 간명하면서도 아주 체계적인 대안을 제시하고 있다.

　체계철학자인 라즐로는 현대의 위기를 전지구적인 맥락에서 불가피한 것으로 규정하고 있다. 전통적 사고에 기초한 편협한 학문관과 세계관, 이데올로기에 근거한 국가간의 대립과 갈등, 과학기술의 부작용과 그에 따른 환경 오염 및 지구 생활권의 파괴 등은 현대성의 신화가 초래한 재앙이자 인류가 처한 현실이기도 하다. 그러나 라즐로는 이러한 위기의 순간을 돌파해 나갈 수 있는 인류의 지혜를 체계과학의 관점에서 소망하고 있는 것이다. 특히, 유기적 생명체의 존속과 진화 과정에서 도출된 일련의 패턴들을 바탕으로 인간 체계의 유지 존속 및 진보에 관한 구체적인 조건들을 제시하고 있는 것이다. 바로 이러한 과정에서 라즐로가 주목하고 있는 것이 이 책의 핵심 개념 가운데 하나인 두갈래치기 bifurcation를 통한 체계의 진화이다.

라즐로는 현대성의 종말이 전지구적인 차원에서 인류의 삶을 위협하고 있다고 지적한다. 산림의 훼손, 공기 오염, 오존층의 파괴, 에너지의 고갈 등 인류가 초래한 과학 기술의 부작용이 이른바 임계점에 도달하게 되었고, 그 결과 인간 삶의 환경을 구성하고 있는 지구 전체 생활권의 수용 능력이 정상적인 범위를 넘어서게 되었다는 것이다. 이것은 결국 지구 생활권의 존속과 현대 인류의 생존 자체가 불확실하고 위험한 수준에 도달하고 있음을 의미하는 것이다. 그리고 이것이 바로 라즐로가 말하는 현대 인류가 직면하게 되는 두갈래치기 지점인 것이다. 두갈래치기 지점에 도달한 인류는 새로운 상태로의 진화냐 아니면 멸종이냐 하는 중대한 선택의 순간에 직면하게 되는 것이다.

두갈래치기의 절박한 선택 상황에 직면한 인류에게 요청되는 것이 바로 〈비전 2020〉이라는 제3의 전략이다. 이것은 현대성의 토대가 되는 자유주의의 한계와 전체주의적 사고를 초월하는 가운데 전지구적인 차원에서 전체 인류의 미래를 보장하고 진화론적 궤적을 향해 나갈 수 있는 대안을 의미한다. 라즐로는 이른바 제3의 전략이 성공을 거두기 위한 조건으로 과학, 예술, 종교, 교육 각 분야의 철저한 반성과 새로운 방향 정립을 요구하고 있다. 인간의 삶과 무관한 그리고 사회적 상황과 유리된 가치중립적인 혹은 몰가치적인 과학, 예술, 종교, 교육의 한계를 극복하고 이들 사이의 대연합을 이루게 될 때 지구와 인류의 미래가 보장될 수 있다는 점을 강조하고 있다. 지금이 바로 인류의 새로운 선택을 위한 중대한 기로임을 철저하게 인식하고 이를 극복하기 위한 전지구적인 지혜를 짜내는 데 협력할 것을 강력히 요청하고 있는 것이다. 이 과정에서 선택의 권한과 그에 대한 책임은 전적으로 현대 인류의 몫이 되는 것이다.

이 책은 결국 혼돈이 가져다주는 위기와 기회의 양가성을 철저하게 인식하고 이에 지혜롭게 대비하게 될 때에만 진화로 향하는 기회의 창이 인류에게 열리게 된다는 점을 강조하고 있다. 더욱이 혼돈 속에 내포된 역설적인 발전과 진화의 가능성을 최근 강력하게 대두되고 있는 비평형 체계과학의 방법론을 바탕으로 진지하게 성찰함으로써 자신의 주장을 뒷받침하고 있는 것이다. 저자의 학문적 배경이 체계과학에 근거한 것이기는 하지만, 다른 책들과는 달리 이 책은 비교적 평이한 문체로 그러나 새로운 과학에 기초한 풍부한 아이디어와 분명한 논리로 현대 인류의 위기와 그에 대한 해법을 제시하고 있다. 따라서 체계과학에 관심이 있는 사람들뿐만 아니라 일반 독자들의 경우에도 최근 강조되고 있는 체계론적 사고를 이해하고 발전시키는 것은 물론 현대 인류가 직면한 혼돈의 위기를 뛰어넘을 수 있는 지속 가능한 대안을 모색하는 데 큰 도움이 될 것으로 보인다. 이것이 역자가 감히 일독을 청하는 이유이다.

번역은 언제나 어려운 도전임에 틀림없다. 글을 옮기는 과정에서 저자가 의도하는 바를 충실히 전하고자 노력하였으나, 부족한 점이 많아 부끄러울 따름이다. 더욱이 책을 접한 독자들의 체계과학에 대한 관심과 흥미를 감소시키지는 않을까 염려스럽다. 독자들의 많은 조언과 비판을 기대한다. 아무쪼록 이 책이 체계과학에 대한 관심과 이해에 조금이나마 도움이 되었으면 하는 바램뿐이

222

다. 책의 끝 부분에 수록된 권장할 만한 참고문헌은 체계과학의 전공자들은 물론 체계과학에 관심을 가지고 있는 독자들에게도 좋은 안내가 될 것이라고 생각한다. 저자인 라즐로의 아들이자 역시 체계과학을 연구하고 있는 알렉산더 라즐로 Alexandar Laszlo가 추천한 문헌들과, 역자가 그 동안 공부하는 동안에 읽고 접한 책들을 종합해서 정리한 것이다.

인간이 마음으로 연주할 수 있는 가장 아름다운 선율이 있다면 그것은 감사일 것이다. 체계과학에 접하기까지는 많은 분들의 도움이 있었다. 무엇보다도 학문적 등대가 되어주셨고 지금도 자극과 격려로 늘 이끌어주시는 이용필 교수님께 깊은 감사를 드린다. 체계과학의 보급과 발전을 위해 연구 노력하고 있는 한국체계과학학회 회원들의 도움 또한 잊을 수 없다. 그리고 매일같이 기도로써 하루를 시작하시는 어머님, 항상 애정어린 관심으로 보살펴주시는 장인 장모님에게도 머리 숙여 감사를 드린다. 저녁 식탁을 뒤로하고 연구실로 향하는 아빠에게 웃음 짓던 딸 정현이 그리고 생의 반려자로서 늘 사랑과 이해로 같이하는 연미에게 실로 고마운 마음을 감출 수 없다. 끝으로 여러 가지 어려운 여건 속에서도 책이 나올 수 있도록 해준 민음사에 감사한 마음을 전한다.

1999. 10.
변종헌

찾아보기

변종헌

1966년 충북 청원 출생
서울대학교 사범대학 국민윤리교육과 졸업
서울대학교 대학원 국민윤리교육 전공(교육학 박사)
현재 제주교육대학교 윤리교육과 조교수로 있다.
저서와 논문으로는
『시스템 과학과 국가 정책』(공저), 『컴퓨터 윤리학』(공역)
「제5공화국 정치 체계의 민주적 이행 과정 연구」(1995)
「정치 체계 변동의 동태적 분석 : 열역학적 모델의 응용」(1998)
「민주주의에서의 중첩적 합의와 민주 시민 교육」(1998)
"Consolidation of a Democratic System in the Bifurcation Process"(1998)
"Non-Equilibrium Thermodynamic Approach to the Change in Political Systems"
(1999)가 있다.

●

비전 2020
2020년 인류의 미래를 위한 새로운 제안

1판 1쇄 찍음 1999년 11월 5일
1판 1쇄 펴냄 1999년 11월 9일

지은이   어빈 라즐로
옮긴이   변종헌
펴낸이   박맹호
펴낸곳   (주)민음사

출판등록 1966년 5월 19일(제16-490호)
서울 강남구 신사동 506 강남출판문화센터 5층
대표전화 515-2000 팩시밀리 515-2007

값 9,000원

한국어판 ⓒ (주)민음사, 1999. Printed In Seoul, Korea.
ISBN 89-374-2435-5   03300